전래 창의 인성놀이 이론과 실제

전래 창의 인성놀이 이론과 실제

장일상, 임효림, 조두이, 김경애, 허은숙
김서연, 김나경, 최혜숙, 신경옥, 기미진
이정아, 장은정, 박세인

서현사

Pre face

전통놀이에 숨겨진 과학과 역사

놀이는 시대와 문화를 담고 있다. 특히 우리가 전통 놀이라고 일컫는 놀이들에는 민족의 특수한 문화와 역사가 녹아 있는 경우가 많다.
우리 민족은 대표적인 전통 놀이인 윷놀이에 제례 의식을 깃들여 정월 초 한 해의 풍년과 운수, 그리고 마을의 안녕을 점쳐보았다. 소소한 놀이 안에 자신의 염원을 풀어낸 것이다.
우리 민족은 놀이를 통해 개인의 소망뿐 아니라 역사의 상처를 해소하기도 하였다. 일제강점기 때는 줄다리기를 통해 민족의 단합을 꾀하였다. 그리고 6.25전쟁 이후에 등장한 삼팔선 놀이는 삼팔선을 넘나드는 행위를 통해 이념 갈등을 해소하는 역할을 하기도 하였다.
전통 놀이 안에는 선조들의 우수한 과학적 지혜도 숨어있다.
우리의 전통 놀이 중 하나인 '단동십훈'은 손과 두뇌의 협응력을 도와 유아의 뇌를 발달시키는 효과를 불러온다. 또한 연날리기에는 각 지역의 기후 환경이, 팽이치기에는 자이로 원리가 들어 있다.
놀이 경험을 통해 과학적 지식을 자연스럽게 교육할 수 있었던 것이다.
하지만 현대에 와서 전통놀이는 사람들에게 점점 잊히고 있다.
온고이지신(溫故而知新)이라는 말이 있다. '옛 것을 익혀 새 것을 안다.'는 뜻이다. 우리 조상님들의 삶은 지혜롭고 슬기로웠다. 공동체 놀이를 하며, 공동체 노래를 부르며 한가롭고 여유로운 유유자적한 삶을 살았다.
우리 조상님들이 즐겼던 전통 놀이에 대한 관심이 점차 사라지고 있어 안타까웠다. 우리 아이들에게 어떤 공동체 속에서 여유를 즐겨야 삶이

행복해지는지 전통 놀이를 살펴보는 계기를 마련하였다.

이 책을 엮고 나니 지면의 부족으로 아쉬움이 많다. 기회가 된다면 더 많은 정보를 제공하여 우리 아이들에게 조상의 슬기를 배우고 닮게 하여 유유자적한 삶이란 무엇인지 맛보게 하고 싶다.

씨름, 윷놀이, 굴렁쇠 굴리기, 딱지치기, 고무줄놀이, 연날리기 등을 문화콘텐츠닷컴과 EBS에서, 또한 네이버백과, 한국민속대백과, 두산백과에서 제공한 동영상으로 익히게 했다. 놀이 규칙과 놀이 방법 등을 그림과 노래로 곁들여 전통 놀이 체험 활동을 통해 우리 문화에 대한 인식을 높일 수 있게 정리했다.

100세 시대가 현실화 된 지금 노인인구의 급증으로 건강에 대한 관심이 높아지고 있다. 노인의 건강을 찾기 위한 방식 중 하나로 실제 어려서 경험 해본 전래놀이와 인성에 대한 부분이 강조되고 있다. 이를 통해 노인의 건강도 유지하고 손주들과 소통할 수 있는 계기가 될 것이라 생각한다.

앞으로 자라는 아이들이 전통놀이의 체험 활동을 통하여 바른 인성을 함양하고 협동심을 기르며 창의적인 사람으로 성장할 수 있기를 바란다. 스스로 전래, 전통 놀이문화체험 활동을 통해 옛 것을 사랑하며, 새로운 것에 관심을 갖고 전통놀이 속에 담긴 지혜와 인성을 배우고 익힌다면 향후 세계를 선도하는 길도 열릴 수 있을 것이다.

함께 참여 해주신 여러 저자님들께 감사드린다.

저자 대표 장일상

Contents

제5장 창의 인성교육

제1장

전래, 전통놀이

1. 전래, 전통놀이의 개념과 이해

1) 전래 전통놀이

(1) 전래 놀이 의의

전래 전통 놀이란 예로부터 민간에서 전해져 내려오는 여러 가지 놀이로 각 지방의 향토색을 지니고 있으며 일상생활 모습이 반영되고 역사적 배경을 가지고 해마다 행해지고 있는 놀이를 말한다. 대부분 일상적으로 행할 수 있는 놀이로 딱지치기 · 자치기 · 술래잡기 · 승경도 · 땅따먹기 · 제기차기 · 실뜨기 따위의 다양한 놀이가 있다.

우리는 사라져 가는 전통 놀이를 통해 의사소통과 조상님들의 지혜와 슬기로움을 본받아, 공동체 속에서 즐겁게 놀면서 일하고, 일하면서 즐기는 여유로운 문화 속에 삶이 행복해지는 문화를 계승 · 발전시켜야 한다.

(2) 전래 놀이의 배경

우리나라의 전래 전통 놀이는 역사성과 사회성을 가지고 있다. 자연환경이나 그 지방의 생활양식이 그대로 민족적 공감성 · 예술성이 깃들어 있다. 역사가 녹아 있는 놀이에는 놀이 안에 깃든 소소한 염원을 풀어내며, 자연을 섬기고 살아오며, 개인의 소망과 역사의 상처를 해소하기도 한 놀이도 있다. 지혜로운 선조들의 과학적인 놀이도 있다.

예를 들면 '단동십훈'은 손과 두뇌의 협응력을 도와서 유아들의 뇌를 발달시키는 데 효과가 있기도 하지만 몸의 건강을 유지할 수 있게 도와주는 놀이이기도 하다.

(3) 전통놀이의 목적

우리나라 전통놀이의 목적은 놀이를 통해 개인의 건강 유지와 공동체 의식을 기르고자 한 것이다. 현대는 전통 사회가 해체되고 대부분의 전통놀이도 점점 잊혀져가고 있다.

우리의 삶 속에 깊숙이 들어온 스마트 폰, 게임, TV 프로그램들로 대부분의 시간을 보내는 아이들에게, 전통놀이는 놀이로서 자신의 건강을 유지하며 공동체 의식과 인간관계 소통의 기술을 익히는 데 도움이 되게 한다.

교과 시간에 의무가 된 전래놀이 수업을 통해서 교사와 학생이 교학상장(教學相長) 하면서 의미와 성격을 되새기다 보면, 혼자서 하는 생활을 지향해야 하는 문화의 모델 변화가 되리라 생각한다.

2) 전통놀이의 종류

전통놀이의 종류는 약 100가지가 넘는다고 한다.

사계절이 뚜렷한 우리나라는 계절에 따른 놀이가 다양하고 민속행사에 따른 놀이들로도 구분이 가능하다. 아이들이 일상적으로 하는 놀이로는 제기차기, 팽이치기, 구슬치기, 공기놀이, 그림자놀이, 땅따먹기 등이 있고, 어른들의 놀이로는 널뛰기, 그네뛰기, 윷놀이, 줄다리기, 거북놀이, 고누놀이, 차전놀이, 강강술래 등 여러 가지 놀이가 있다.

사계절에 따라 세시풍속으로 진행하는 놀이로 봉선화, 씨름, 그네타기, 연날리기, 윷놀이, 칠교놀이, 비석치기, 사방치기, 실뜨기 등등 많은 놀이가 있다.

2. 세시풍속이란 무엇인가?

1) 세시풍속 놀이의 의의

우리의 전통사회는 농경사회로 계절의 절기에 맞춰 농사를 지었고 풍년을 기원하며 많은 풍속이 만들어졌다. 세시(歲時)란 세월과 같은 의미로 일 년 열두 달을 두고 바뀌는 시간을 말한다. 세시풍속(歲時風俗)은 일 년 열두 달을 두고 바뀌는 생활을 말하는 것인데 굳이 풍속이라고 하는 것은 시절 따라 달라지는 생활이 관습적으로 굳어졌기 때문이다.

세시풍속(歲時風俗) 놀이 속에는 해마다 풍년을 기원하고, 사악한 악귀를 물리치며, 액을 막고 복을 부르는 토속 신앙의 의미를 지니고 있다. 특히 정월의 세시풍속 놀이는 집단적 · 공통적인 것으로 민족적으로 전승되어 왔다. 매년 초 정월에 하는 행사의 놀이 승부에 따라 그해 농사의 풍흉(豊凶)을 점쳐보는 농경의례의 성격을 지니기도 한다.

관련 문헌을 살펴보면 조선조 정조 때 유득공이 한문으로 쓴 경도잡지(京都雜志) 외 다수가 있으며, 1945년 이후 최상수의 《한국의 세시풍속》으로 영문으로 쓴 책에 기록되어 있다.

2) 민속놀이의 의의

민속놀이는 각 지방의 풍속과 생활 모습이 반영된 민간에 전해져오는 여러 가지 놀이이다. 대부분의 연구자들은 '오래전부터 전해져 오는 놀이'라는 의미로 이 말을 주로 써왔다.

민속놀이는 존재 양상이 다채롭고 다양한데 전승 집단의 규모에 따라 놀이를 통하여 구성원의 많은 참여와 후원이 필요한 대동놀이와 연령 · 친교 · 직업 등을 매개로 하는 소집단 놀이, 집단성보다는 놀이자의 개별성이 부각되는 개인놀이가 있다(국립민속박물관, 한국민속예술사전).

3) 민속놀이 문화의 특성

민속놀이의 주체들은 대부분 한 고을에 속해 있으면서 평민 신분의 농민이었다. 나름대로 지위계층들의 제재를 받으면서도 자신들의 문화전통을 바탕으로 상층의 문화를 수용하면서 각 마을마다 다양성과 동질성을 가진 마을 민속을 창조하고 지켜나갈 수 있었다.

이 특성을 가진 마을의 민속 문화의 특성을 다섯 가지로 구분해보았다.

첫째. 자립적이며 자족적인 문화이다.

마을의 집단속에 경제적 능력, 이웃 간의 공동체로 돕고자 하는 협동문화가 많이 자리잡고 있었을 뿐만 아니라 의례행사, 농사, 건축도 상부상조하는 문화로 '품앗이'라는 말이 있다, 동네 전체가 하는 '대동회'를 일년이 시작되는 때에 개최한다. 풀뿌리 민주주의 개념인 마을 운영체제에 대하여 논의를 하고 밥도 다 같이 먹는 행사였다.

둘째. 평등과 온정의 가족적 문화이다.

사람과 사람의 관계 속에서 서로 이웃이 가족처럼 느껴질 만큼 어느 집에 밥숟가락이 몇 개인지를 알 정도로 가깝게 의지하고 지낸 친숙한 관계였다. 힘든 농사일도 서로 품앗이를 하면서 행사에는 서로 식사를 나누면서 의지하고 집안의 대소사에 서로 힘이 되어주는 문화였다.

셋째. 자연친화적인 문화이다.

인간과 자연은 공생적인 관계이고 적대적인 갈등을 보여주지 않으며 모든 생물은 바위나 산처럼 무생물에 이르기까지 소중함을 알고 자연을 상처받기 쉬운 존재로 파악하고 함부로 훼손하지 않은 풍수사상(風水思想)은 공생적 자연관의 예로 볼 수 있다. 자연 속에서 주는 음식은 배설로 이어져 퇴비가 되어 농토에 뿌려지고, 곡식의 결실을 보는 순환과정에서 환경의 오염이란 있을 수 없었다.

넷째. 예술의 생산은 소비와 함께 어우러지는 문화이다.

예술을 생산하고 바로 소비로 이어지는 이야기와 춤과, 소리로 흥을 즐기고 감평(感評)할 줄 아는 애호가들이었다.

탁월한 재주를 가진 소리꾼과 이야기꾼, 춤꾼들이 존재하였지만, 그들이 특별한 사회적 지위를 갖거나, 고독한 작업을 통해 예술을 생산하며 다른 이들을 소외시키는 것은 아니었다. 이들의 눈높이에서 예술을 생산하였고, 그들의 인준을 얻을 때만 공동체의 예술자산으로 수용될 수 있었다. 이런 이유로 마을공동체의 예술문화는 누구나 공감하면서 즐길 수 있는 민주적이고 개방적인 것이었다.

다섯째. 노동이 놀이와 균형을 이룬 문화이다.

농사는 음력 2월 중순부터 농사 준비를 시작하면 4월에는 모심기를 마치고, 첫 김을 맬 때까지 한 열흘을 쉰다. 휴식이 끝나면 김매기를 시작하고 7월 초순 무렵에 마지막 김매기를 마치면 추수할 때까지 한 달 정도를 또 쉰다. 이때가 '호미씻이' 또는 '풋굿'이라고 한다. 전통사회에서 일과 여가는 양과 질, 양면에서 매우 균형 잡힌 상태로 상응한다. 인간다운 삶의 질을 향상시키고 일을 하면서도 다 함께 노래를 부르며 하는 풍습으로 잠깐의 여가시간에도 다함께 풍물놀이 등 다양한 놀이에 참가하여 삶을 풍요롭게 하는 지혜를 갖고 있다. 축제가 벌어지는 시기이다.

명절이라는 특별한 놀이들도 있으며 일상을 떠나 비일상적인 농한기 등을 활용하여 즐기던 놀이와 자연에 세계에서 농사철 비가 내려야 농업에 도움이 되는 기우제의 한 행사로도 이어진 단합된 놀이들도 있다. 차전놀이, 석전, 강강술래, 줄다리기, 횃불싸움, 놋다리밟기, 가마싸움 등 다양한 놀이들이 있다.

명절과 24절기로 이루어진 1년이라는 기간 속에서 연중행사를 하며 자연과 선조에 대하여 존중과 섬김으로 가족 간, 이웃, 친척 간 친목과 단합을 할 수 있는 생활이 자리 잡고 있었던 일상의 놀이와 문화였다(전경수(1992), 한양명(1997)).

4) 한국 전통문화 속 명절과 절기의 이해

우리나라는 아시아 대륙의 동쪽에 위치하며 사계절이 뚜렷한 나라이다. 이에 지혜로운 선조들이 해와 달의 움직임으로 음과 양의 자연의 조화를 1년을 12달로 12달은 다시 24절기로 구분을 하며 봄, 여름, 가을, 겨울을 지혜롭게 살아오셨다.

명절과 행사에 대하여 살펴보면 설(음력 1월 1일), 대보름(음력 1월 15일), 영동날(음력 2월), 초파일(음력 4월 8일), 단오(음력 5월 5일), 유두(음력 6월 15일), 백중(음력 7월 15일), 추석(음력 8월 15일), 중구(음력 9월 9일), 시월고사(10월 3일)와 묘사, 동지(12월 22일)로 나눈다.

24절기를 살펴보면 봄, 여름, 가을, 겨울로 구분을 할 수가 있다. 절기를 구분하는 것을 절후(節候), 시령(時令)이라고도 말한다.

황경이란 태양이 춘분(春分)에 지나는 점(춘분점)을 기점으로 하고, 황도(黃道)에 따라 움직인 각도를 말한다.

이 황경이 0°일 때를 춘분, 15°일 때를 청명(淸明) 등으로 구분하는데, 표와 같이 15° 간격으로 24개 절기의 날짜가 구분된다.

24절기를 통해 일교차가 커짐에 따라 날씨에 관심을 가지고 일상생활에 적용함으로써 농사일의 풍흉과 삶을 지혜롭게 살아가기 위해 반영하였다.

예를 들면 처서에 비가 오면 독 안에 든 쌀이 줄어든다는 말은 '처서에 비가 오면 독(쌀을 담아두었던 장독) 안에 곡식의 양이 줄어든다.', '처서 비는 십리에 천석 감한다.'는 말은 처서 날에 비가 오면 잘 자라던 곡식이 제대로 자라지 못하니 곡식의 양이 줄어든다고 하니 마음이 편하지 않았으리라 짐작할 수 있다.

농사가 전부였던 그 시절이나 지금이나 쌀이나 다른 곡식을 많이 수확하고 싶어 하는 마음은 같았을 것이고 지금도 사업을 하는 분들도 날씨를 민감하게 받아들이는 것은 같을 것이다.

이십사절기

음력월		절기	양력일자	
봄	1월 (孟春月)	입춘(立春)	2월 4~5일경	봄의 기운의 시작
		우수(雨水)	2월 18~19일경	눈이 녹아 물로 흐른다.
	2월 (仲春月)	경칩(驚蟄)	3월 5일~6일경	벌레들, 개구리가 잠깨는 날
		춘분(春分)	3월 20~21일경	봄, 낮과 밤의 길이가 같음
	3월 (季春月)	청명(淸明)	4월 4~5일경	물이 맑고 하늘이 맑아진다.
		곡우(穀雨)	4월 20~21일경	봄비가 곡식을 기름지게 한다.

여름	4월 (孟夏月)	입하(立夏)	5월 5~6일경	여름 기운의 시작
		소만(小滿)	5월 21일경	만물이 생장 하는 날
	5월 (仲夏月)	망종(芒種)	6월 6일경	벼, 보리 씨 뿌리는 날
		하지(夏至)	6월 21일경	여름, 낮이 가장 긴 날
	6월 (季夏月)	소서(小暑)	7월 7~8일경	작은 더위 시작
		대서(大暑)	7월 23일경	가장 큰 더운 시기
가을	7월 (孟秋月)	입추(立秋)	8월 7~8일경	여름 끝, 가을시작
		처서(處暑)	8월 23일경	더위 끝
	8월 (仲秋月)	백로(白露)	9월 8일경	가을 풀잎에 이슬 맺힘
		추분(秋分)	9월 23일경	가을, 낮과 밤의 길이가 같음
	9월 (季秋月)	한로(寒露)	10월 8일경	찬 이슬 맺힘, 추워지는 시기
		상강(霜降)	10월 23일경	서리가 내리고 첫얼음
겨울	10월 (孟冬月)	입동(立冬)	11월 7일경	겨울 기운 시작
		소설(小雪)	11월 22일경	첫 눈 내리는 날
	11월 (仲冬月)	대설(大雪)	12월 7일경	함박눈이 많이 내리는 날
		동지(冬至)	12월 22일경	겨울, 밤이 가장 긴 날
	12월 (季冬月)	소한(小寒)	1월 6일경	작은 추위 날
		대한(大寒)	1월 20일, 21일경	큰 추위 날

5) 세시풍속 놀이의 종류

세시풍속 놀이는 명절이나 특정한 시기에 하는 놀이이다. 정초에 연날리기, 윷놀이, 널뛰기, 정월대보름에 쥐불놀이, 줄다리기, 고싸움, 차전놀이, 다리밟기, 놋다리밟기, 3월에 화전놀이, 4월 초파일 연등놀이, 5월 단오의 씨름과 그네뛰기, 8월 추석에 소싸움과 거북놀이와 강강술래, 길쌈놀이 등이 있다.

(1) 씨름

예로부터 내려오는 우리나라의 고유한 전통적 민속놀이이다. 단오날 주로 하는 놀이로 두 사람이 샅바를 잡고 상대와 힘을 겨루어 상대를 먼저 땅에 넘어뜨리는 기술로 승부를 결정하는 민속놀이이자 운동 경기이다.

씨름은 개인의 힘과 기술을 겨루는 것 외에 마을단위의 대동놀이로서 마을을 대표하여 개인의 명예와 마을의 명예를 함께 책임지고 있기 때문에 이기면 마을 전체가 이기는 것이고, 지면 마을전체가 아쉬워하는 놀이이다.

(2) 윷놀이

윷놀이는 팀으로 나누어서 남녀노소 누구나 할 수 있는 놀이이다.

정월 초에서 보름까지 윷을 활용하여서 하는 놀이이다. 장소에 구애를 받지 않으며 윷과 윷판만 있으면 된다. 팀을 나누어서 하는 놀이로 온 가족이 모여 앉아 할 수 있는 놀이이다. 팀별 각자가 순번으로 윷을 던져 윷말의 4개가 먼저 나는 팀에 의해 승부를 결정한다.

정초와 추석 등 명절에 주로 하는 놀이이다.

(3) 강강술래

전라남도의 해안지방에서 가장 많이 볼 수 있는 강강술래는 민족의 최대 명절인 추석을 전후하여, 추석날 밤부터 3일 동안 즐기던 여인들의 놀이이다. 보름달 빛 아래 흥겹게 춤을 추며 축제를 벌이는 것이다.

놀이는 동네의 여인들이 손에 손을 잡고 커다란 원을 그린 후, 빙빙 돌면서 춤을 추는데 도중에 '남생이놀이', '문턱넘기놀이', '멍석말이놀이', '쥐잡기놀이' 등을 함께 섞어서 한 층 흥을 돋우기도 한다.

특히 임진왜란 당시, 나라에 큰 공을 세운 이순신 장군의 일화와 관계가 있는 이 놀이는 병정들의 수가 모자라, 인근 마을의 부녀자들로 하여금 산 위에 올라서 원무를 추게 하여 그 숫자가 많은 것처럼 보이게 함으로써 왜적의 사기를 꺾었다는 이야기로 너무나 유명하다.

(4) 거북놀이

마을 공동으로 하는 집단 놀이이며 서로 상부상조하는 대동놀이이다.

거북이에게 무병장수의 소원을 빌고 마을의 나쁜 기운을 몰아낸다는 의미가 있고, 경기도 이천의 지방 놀이이다.

이 놀이를 통해 마을공동체로 서로 협동하는 의미도 담겨 있다.

거북놀이는 음력 8월 15일 추석 한가위에 수숫잎으로 거북 모양을 만들어 쓰고 집집마다 돌아다니며 노는 민속놀이이다.

(5) 송파다리밟기

정월 대보름 다리밟기의 하나로 세시풍속으로 전승되는 데 그치지 않고, 무동놀이와 선소리와 취타대와 양반, 별감, 집사 등의 여러 신분의 배역들이 등장하여 함께 어우러지는 민요와 민속춤 등의 예능적 대동놀이이다.

원래는 '송파답교놀이'였으나 문화재로 지정되면서 그 명칭이 서울특별시 무형문화재 제3호로 지정된 민속놀이이다.

정월 대보름을 전후하여 경향(京鄕) 각지에서 행해지던 세시풍속으로 한 해 동안의 액운을 방지하고 다리의 병을 예방하며 또한 무병하기를 기원하는 데 있다. 즉, 사람의 다리와 그 음이 같은 다리를 밟음으로써 다리의 병을 예방하고 그 밖의 잡병이나 재난 등을 일소하여 탈 없이 한 해를 보내고자 하는 것이 이 놀이의 내용이다.

(6) 소놀이

소놀이는 경기도 황해도 지방에 전한다. 소는 힘이 세서 농사일에 있어 크게 기여했다. 쟁기질을 해서 논과 밭을 갈아 주었고, 무거운 짐을 운반해 주었으며, 그 고기는 제수로 쓰이고 맛이 있어 즐겨 먹었으며, 소는 값이 많이 나가므로 목돈을 마련하여 긴요하게 쓰이는 등 많은 기여를 해서 소중한 재산이고 또 정이 든 가축이다. 이처럼 소는 친근하고 고마운 존재여서 팔월 명절을 맞아 소를 위하고 고사 지내고 빌고 놀이하는 소놀이가 형성되었다.

(7) 가마싸움

가마싸움은 경상남도 지방에 많이 전승되어 오고 있는데, 추석을 맞아 서당이 놀 때 하는 놀이로 서당끼리 제각기 가마를 만들어 큰 마당으로 끌고 나와 가마끼리 힘차게 부딪혀서 부서지는 편이 패배한다. 그래서 가마를 튼튼하게 만들고, 모로 부딪히도록 해서 상대편 가마를 부순다.

가마싸움에서 이긴 편에서는 다음 시험에서 좋은 성적으로 합격한다고 하여 학동들은 열을 올리고 승리를 거두려고 노력한다.

(8) 줄다리기

예로부터 대보름날에 행하는 것이 상례로 되어 있는데, 동래지방에서는 단오날에, 제주도에서는 한가위에, 그리고 전라도 서해안지방에서는 2월 초하룻날(하리다리날)에 놀기도 한다. 이 놀이는 대보름날에 남녀노소가 함께 참여하는 단체놀이 가운데 규모가 가장 큰 놀이로서, 작은 마을에서는 하루 동안 놀지만 큰 고을에서는 며칠에 걸쳐 논다.

줄다리기를 하려면 먼저 줄을 만들어야 하는데, 빠르면 한 달쯤 전부터 마을 집집에서 짚을 거두어 준비를 시작한다. 풍년을 비는 농경의식으로 승부는 대개 여자 편이 이기도록 남자 편이 양보하는 것이 묵계로 되어 있다. 줄다리기 놀이에 참가하는 사람은 놀이의 규모에 따라 수십 명에서 수백 명 내지는 수천 명까지 이를 때도 있다.

출처: [네이버 지식백과] 줄다리기(한국민족문화대백과, 한국학중앙연구원)

제2장

유아와 청소년 놀이

1. 유아놀이

1) 유아발달 단계 놀이

전통놀이는 유아 교육에 특별한 의미가 있다. 정통 육아법은 조상 대대로 물려받은 지혜이며 유산이다.

임신의 첫 단계인 태교부터 부성 태교와 모성 태교를 실천하며, 부모가 될 자격을 갖추기 시작했다. 태아기의 심신이 건강한 태내 발달을 위하여 부모가 엄격한 태교를 실천하는 것뿐만 아니라 온 가족이 태교 실천을 지원하였다.

전통사회에서의 유아놀이는 감각 훈련과 동작 훈련 단계(출생-3세경), 무릎 훈련 단계(3-5세)로 나눌 수 있다. 각 단계에서 이루어지는 놀이와 특징, 교육적인 효과 등을 알기 쉽게 정리했다

> 전통놀이를 하며 즐거워하고, 몸을 많이 움직임으로써 건강하게 자라고, 서로 협력함으로써 또래와 어울리고 상호작용하여 공동체 의식이 생기고, 새로운 놀이를 만들게 되는 상상력과 창의적 표현 능력이 발달하는 목표를 가지고 교육해야 한다.
>
> 출처: 교육부(1993), 유아전통놀이 교육활동 지도자료, 서울: 교육부.

유아발달 단계 놀이

감각훈련과 동작훈련 단계 놀이 종류	단동십훈, 코코코코, 까꿍, 어디까지 왔나, 실겅달겅 무궁화 꽃이 피었습니다, 손 놀이, 앉은뱅이, 여우놀이, 실 전화, 잠자리, 다리 셈 등
효과	언어, 신체, 인지 발달
특징 및 목표	1 감각을 발달시킨다. 2 동작 훈련을 발달시킨다.

무릎훈련 단계 놀이 종류	자장가, 목말타기, 수수께끼, 베개업기, 깨금뛰기, 꽃따기, 어느 손, 두꺼비 집짓기, 쌀 보리, 어깨동무 씨동무, 문 놀이, 색깔 찾기 등
효과	신체, 사회성, 도덕성, 언어 발달
특징 및 목표	1 놀이가 흥겹다. 2 동작 변화를 위해 동요를 첨가시킨다. 3 이유식과 배변과 관련된 놀이를 첨가시킨다.

2) 유아놀이의 종류

(1) 단동십훈

단동십훈(檀童十訓)은 구전으로 전해져 내려오는 교훈으로 출처는 확실하지 않다. 과거 선조들은 인간존엄성을 강조하여 어린이에게 십훈(十訓)을 통해 천심 (天心)을 가르치려고 했던 것 같다. 이 가르침을 동작으로 표현한 것이 단동십훈(檀童十訓)이다.

단동십훈(檀童十訓)은 도리도리(道理道理), 곤지곤지(坤地坤地), 불아불아(弗亞弗亞), 시상시상(詩想詩想), 지암지암(持闇持闇), 섬마섬마(西摩西摩), 업비업비(業非業非), 짝짜궁짝짜궁(作作弓作作弓), 아함아함(亞合亞合), 질라아비 훨훨의(羅呵備 活活議)이다.

단군시대부터 구전으로 전해 내려온 전통 육아법으로 아기를 편안하게 어르는 방법이다. '짝짜쿵(작작궁)', '도리도리', '곤지곤지', '지암지암(잼잼)'등의 놀이로 아기의 인지를 발달시키는 놀이이기도 하다. 아기의 신체운동 기능과 근육의 발달과 뇌신경 발달을 돕고 소근육을 촉진하는 과학적인 놀이이다.

단동십훈의 놀이 속에 아기는 '걸음마 연습', '주먹 쥐고 펴기', '고개 좌우로 흔들기', '손바닥 찧기', '손뼉 치고 춤추기'를 배운다. 그 소리 속에도 깊은 뜻이 담겨있다. 예를 들어 도리도리는 고개를 좌우로 살피면서 만물의 이치와 사람 된 도리를 알라는 뜻이다.

① 놀이규칙

단동십훈은 유아들을 위한 감각과 동작 훈련 단계의 놀이이다. 아기의 언어, 신체, 인지 발달, 운동 기능과 뇌신경 발달과 소근육 발달을 촉진하는 선조들의 지혜가 담긴 놀이이다. 엄마와 아기가 함께하는 놀이이다. 규칙은 따로 없고, 아기는 엄마의 행동을 따라 하면 된다.

② 놀이방법

가. 제1훈, 불아불아 / 태양같이 환한 마음을 가져요.

불아불아는, 하늘처럼 맑은 아이가 하늘에서 내려왔다가 다시 하늘로 돌아가는 귀한 존재라는 뜻이다. 불아불아는 세상을 밝히는 큰사람이 되라는 조상들의 가르침이 담겨 있다.

<table>
<tr><td colspan="2">*활동
아이의 허리를 잡고 바로 세우고 좌우로 엄마의 어깨의 넓이로 왔다 갔다 하며 '
불아불아' 소리를 내면서 천천히 흔든다.</td></tr>
<tr><td>*노래
불아불아 부랴부랴 태양같이 밝은 아이
불아불아 부랴부랴 환한 마음 가져라
불아불아 부랴부랴 하늘 같이 귀한아이
불아불아 부랴부랴 하늘같이 자라라.

*이야기 하듯
'불아불아 부랴 부랴 예쁜 우리 아가 태양같이
환하게 잘 자라라'</td><td>
</td></tr>
</table>

나. 제2훈, 시상시상 / 웃어른을 섬기고 공경해요.

시상시상은 웃어른을 공경하여 하늘의 뜻을 다하겠다는 뜻이다. 하늘을 섬기듯 웃어른을 섬기면 하느님의 밝은 마음을 가질 수 있다는 조상들의 가르침이 담겨 있다.

*활동:
엄마와 아기가 마주 본다. '바닥에 앉히고 팔꿈치를 잡고 엄마 가슴 쪽으로 왔다 바깥쪽으로 갔다 하면서 '시상시상' 소리를 내며 천천히 움직여 준다.

*노래
시상시상 달궁달궁 하늘을 섬기고
시상시상 달궁달궁 하늘 마음 가져라
시상시상 달궁달궁 어른을 섬기고
시상시상 달궁달궁 하늘 뜻을 다해라

*이야기 하듯
'시상시상 달궁달궁 착한 우리아가
어른을 섬기는 예절바른 아이로 자라라.'

다. 제3훈, 도리도리 / 지혜로운 사람이 되세요.

도리도리는 천지만물이 하늘의 도리로 생겨났으니 사람 역시 도리를 다하며 살아야 한다는 뜻이다. 삶의 목표를 바르게 세우고 양심을 밝히라는 선조들의 가르침이 담겨 있다.

*활동:
아기를 앞에 앉히고 엄마가 고개를 좌우로 왔다갔다 하며 '도리도리' 소리를 내며 움직여 준다.

*노래:
도리도리 짝짝궁 이리보고 까~궁
도리도리 짝짝궁 저리보고 까~궁
도리도리 짝짝궁 넓은 마음 바른마음
도리도리 짝짝궁 우리 아이 잘한다.

*이야기하듯
'도리도리 짝짝쿵 똑똑한 우리아가 도리를 지키는 지혜로운 사람이 되어라'

라. 제4훈, 지암지암 / 힘 있고 용기 있는 사람이 되세요.

지암지암은 손으로 쥐거나 잡는다는 것으로, 바른 진리를 잘 선택하여 쓰라는 뜻이다. 참된 것은 잡아서 실천하고, 잘못된 것은 가려서 멀리하라는 조상들의 지혜가 담겨 있다.

*활동:
아기를 엄마 무릎에 앉히고 엄마가 먼저 손을 안으로 쥐었다 폈다 하면서 '지암지암' 소리를 내며 놀이를 한다. 이번에는 아기의 손을 엄마가 잡고 아기의 손을 주먹처럼 모양을 만들어 주며 폈다 쥐었다 하면서 '지암지암' 소리를 내며 놀이를 한다.

*노래:
지암지암 잼잼 쥐었다 폈다.
지암지암 잼잼 하늘은 높고
지암지암 잼잼 땅은 넓지
지암지암 잼잼 예쁜손 꼭꼭

*이야기 하듯
'지암지암 잼잼 씩씩한 우리아가
하늘땅처럼 용기 있게 자라라.'

마. 제5훈, 곤지곤지 / 조화로운 사람이 되세요.

곤지곤지는 하늘과 땅에 담긴 음향의 조화를 알고 덕을 쌓으라는 뜻이다. 하늘과 땅의 이치를 깨달아 바르고 참다운 일을 행하라는 조상들의 지혜가 담겨 있다.

*활동:
엄마 무릎에 앉히고 오른손가운데 손가락으로 왼손바닥을 꼭꼭 눌러주며 '곤지곤지' 소리를 내면서 놀이를 한다.

*노래
곤지곤지 짝짝궁 하늘땅 별땅
곤지곤지 짝짝궁 지혜로운 우리아이
곤지곤지 짝짝궁 하늘기운 땅기운
곤지곤지 짝짝궁 조화로운 우리아이

*이야기 하듯
'곤지곤지 짝짝궁 귀한 우리아가 세상만물을
조화롭게 좋은사람 되어라'

바. 제6훈, 섬마섬마 / 혼자서도 잘해요.

섬마섬마는 '서다'의 준말이다. 몸의 감각을 깨워 혼자 설 수 있는 힘을 키우라는 뜻이다. 모든 아이를 귀한 인격체로 보고, 독립심과 주체성을 키워 주는 조상들의 지혜가 담겨 있다.

*활동:
아기를 안고 위로 천천히 들어 올리면서 '섬마섬마' 소리를 내면서 활동을 한다. 아기를 벽에 붙여 세우고 한 손으로 아래서 위로 왔다 갔다 하면서 '섬마섬마' 소리를 내면서 놀이를 한다.

*노래:
섬마 섬마 섬마 섬마 오른발 왼발
섬마 섬마 섬마 섬마 우리 아이 일어선다.
섬마 섬마 섬마 섬마 오른발 왼발
섬마 섬마 섬마 섬마 혼자서도 잘한다.

*이야기 하듯
'섬마 섬마 섬마 섬마 장한 우리아가
혼자서도 잘한다. 옳지 그렇지 잘한다.'

사. 제7훈, 업비업비 / 바른 마음을 키우세요.

업비업비는 해서는 안 되는 것을 가르칠 때 하는 말로 '애비애비'라고도 한다. 이치에 맞지 않는 일을 삼가고 모두에게 좋은 일을 하라는 조상들의 가르침이 담겨 있다.

*활동:
아기를 엄마 좌측 무릎에 앉고 엄마 손바닥을 펴서 좌우로 왔다 갔다 하며 '업비 업비' ' 안돼 안돼' 소리를 내며 놀이를 한다.

*노래:
업비 업비 애비 애비 무서운 것 위험한 것
업비 업비 애비 애비 돌아가렴 피해가렴
업비 업비 애비 애비 좋은 것만 골라해라
업비 업비 애비 애비 우리아이 귀한 아이

*이야기 하듯
'업비 업비 애비 애비 고운 우리아가 좋은 것만 골라하는 바른사람 되어라'

아. 제8훈, 아함아함 / 내 안에 우주처럼 넓은 마음이 있어요.

아함아함은 사람 안에 작은 우주가 있다는 뜻이다. 두 손을 가로 모아 잡으면 한자 '아' 모양이 되는데, 이것은 하늘과 땅이 내 몸속에서 하나가 된다는 것을 상징한다.

활동:
엄마 무릎 좌측에 안고 엄마 입에 엄마 손바닥을 대면서 '아함 아함' 소리를 내며 놀이를 한다.

*노래:
아함아함 아함아함 사람 안에 하늘 있네
아함아함 아함아함 사람 안에 땅이 있네
아함아함 아함아함 하늘마음 환히 밝혀
아함아함 아함아함 순리대로 살아가라

*이야기 하듯:
'아함아함 아함아함 하늘같은 우리아가 네가 바로 하늘 땅 우주란다.'

자. 제9훈, / 깨달음의 기쁨을 노래해요.

'짝짜꿍 짝짜꿍'은 음양이 부딪혀 삶의 이치를 깨달았으니 손뼉 치며 노래하고 춤을 추자는 뜻이다. 박수를 치면 온몸에 기운이 통해 건강해진다는 조상들의 지혜가 담겨 있다.

활동:
아기를 엄마 무릎에 등을 대고 안은 다음 아기 손을 잡고 '짝짜궁 짝짜궁' 소리를 내며 놀이를 한다.

*노래:
짝짜궁 짝짜궁 하늘땅 짝짜궁
짝짜궁 짝짜궁 남자 여자 짝짜궁
짝짜궁 짝짜궁 왼손오른손 짝짜궁
짝짜궁 짝짜궁 엄마 아빠 짝짜궁

*이야기 하듯
'짝짜궁 짝짜궁 밝은 우리아가 좋은 세상 왔으니 깨달아서 완성해라'

차. 제10훈, 질라라비 훨훨의 / 건강하고 행복하게 살아요.

잘라라비 훨훨의는 나팔을 불며 춤추는 동작으로, 우주의 이치를 깨닫고 천지의 기운을 받아 건강해지라는 뜻이다. 질라라비(단군 할아버지)가 아이의 앞길을 인도해 준다는 의미가 담겨 있다.

***활동:**
아기를 엄마 무릎에 앉히고 아기의 어깨 쪽에 가깝게 팔을 잡고 위로 아래로 올렸다 내렸다 나비처럼 나는 듯이 '질라라비 훨훨의' 소리를 내며 놀이를 한다.

*노래
질라라비 훨훨의 건강하게 해주세요.
질라라비 훨훨의 행복하게 해주세요.
질라라비 훨훨의 지혜롭게 해주세요.
질라라비 훨훨의 홍익인간 이화 세계

*이야기 하듯
질라라비 훨훨의 얼쑤 우리아가 하늘이 돌보신다 건강하고 행복해라

(2) 코코코코 놀이

놀이규칙

아기들은 눈을 마주 보며 살과 살을 맞대는 것을 좋아한다. 아기들은 자신에게 집중하고 있다는 것을 알게 되면 안정감을 느낀다.

아기가 보는 앞에서 어른이 동작을 하면 아이도 동작을 따라 하게 된다. 놀이와 함께 신체 부위도 알아가게 하는 효과를 얻을 수 있다.

만약 동작을 하다가 틀리면 역할을 바꾸거나 벌칙을 준다.

놀이방법

엄마와 아기가 마주 보고 앉는다.

엄마가 집게손가락을 펴서 손끝으로 코를 톡톡 치면서 '코코코코' 하는 동작을 한다.

엄마가 ' 코코코코' 하다가 '눈' 하고 말하면서 손가락으로 눈을 짚는다.

아기가 따라서 한다.

엄마가 '코코코코' 하다가 '귀'라고 말하면서 귀를 손가락으로 짚는다. 엄마의 동작을 아기가 자연스레 따라서 하게 된다.

아기와 엄마가 역할을 바꾸어서 하기도 한다.

(3) 어느 손 놀이

놀이규칙

어느 손 놀이는 아기의 몸을 엄마 무릎에 엎드리게 하여, 고개를 숙인 상태에서 등을 손가락으로 찍는 놀이이다. 유아는 어느 손가락으로 자신의 등을 찍었는지 별로 관심이 없다. 엄마와 함께 하는 놀이로서 만족하며 즐거워한다. 틀리기도 하고 맞기도 하며 호흡을 맞추는 것에 흥미 있어 한다.

놀이방법

아기는 처음에는 어느 손이 목 뒤를 찍었는지 맞혔다고 해도 의미를 잘 알지 못한다. 여러 번 놀이를 하다 보면, 그 흐름을 이해하면서 어느 손가락이 목 뒤를 찍었는지 맞히는 쪽으로 이동하면서 놀이 자체를 즐기게 된다.

유아들은 목 뒤를 찍은 손가락을 숨기지 못한다. 어른들이 어느 손가락으로 목 뒤를 찍었는지 표시가 나게 해주며, 호흡을 맞추어 주는 것이 중요하다. 특히 중요한 것은 가위바위보를 해서 이기는 사람이 지는 사람에게 벌칙을 주는 것이다.

〈표 4〉 어느 손 놀이

순서	노래	동작
1	기본 동작	마주 보고 앉는다.
2	가위바위보	어느 사람이 먼저 할 것인지 가위바위보를 해서 차례를 정한다.
3	손가락 콕	1. 아이가 고개를 숙인다. 2. 어른(다른 아이)이 한 손가락을 내밀어 목덜미를 콕 찍는다.
4	어느 손	1. 손가락을 찍은 어른이 아이 앞에, 손가락 다섯 개를 내밀어 '어느 손' 한다. 2. 고개를 숙인 아이가, 어떤 손가락으로 찍었는지 알아맞힌다.
5	어느 손	손가락을 알아맞히지 못하며 반복한다.
6	어느 손	손가락을 맞추면 서로 역할을 바꾸어서 반복한다.
7	가위바위보	여러 번 반복하다가 가위바위보를 하여 벌칙을 정할 수도 있다. 진 사람은 이긴 사람이 시키는 벌칙에 따른다.

출처 : 문화콘텐츠닷컴

3) 자발적 학습 단계 놀이

(1) 실 전화기 놀이

놀이규칙

실 전화기 놀이는 3세부터 가능하며, 상대방이 말한 소리가 실의 진동을 통해 전달되는 것이다. 실은 쉽게 떨림의 파장을 전달 할 수 있다.

실이 팽팽하게 당겨질 정도의 거리에 서서 한 사람은 전화기를 입에 대고 말하고, 다른 사람은 이야기를 듣는다. 소리의 진동이 팽팽한 실을 통하여 전달된다. 위치를 바꿔 가며 이야기를 주고받는다.

실 전화기 만드는 방법

먼저 실 전화기를 만들어보자. 만드는 과정도 놀이의 일부분이다.

가. 종이컵, 요구르트 병 등 소리를 모을 수 있는 통 등 2개를 준비한다.

나. 실 2m 정도, 스카치테이프, 송곳을 준비한다.

다. 종이컵 바닥의 중앙에 스카치테이프를 붙인다.

라. 종이컵 두 개를 겹쳐 놓고 송곳으로 구멍을 뚫는다.

마. 실을 종이컵의 바깥쪽에서 안쪽으로 넣는다.

바. 성냥개비에 묶어서 빠지지 않게 걸어 매듭을 짓는다.

사. 다른 한쪽도 같은 방법으로 만든다.

놀이방법

가. 두 명이 실이 팽팽하게 당겨질 정도의 거리에 서서 한 사람은 전화기를 입에 대고 말을 한다.

나. 다른 한 사람은 귀에다 대고 상대의 말을 듣는다.

다. 서로 역할을 바꾸어 가며 전화기 놀이를 한다.

(2) 어디까지 왔나

놀이규칙

이 놀이는 4세 정도 되어야 할 수 있다. 눈을 가린 상태에서 공간 이동을 하기 때문에 신뢰가 있는 사람과 하는 것이 좋다. 놀이가 끝나면 서로 안아 주고 신뢰를 확인하는 것이 좋다. 집에서 '어디까지 왔나?' 반복하면서 자신의 위치를 파악하게 되므로 공간 능력이 향상된다. 자주 다녔던 목표 지점까지 얼마나 남았는지 머릿속에 그려져서 지각 능력도 키워진다.

놀이방법

1. 눈을 가리고 정해진 지점까지 상대방의 손이나 허리를 붙잡고 걷는다.
2. 눈을 가리고 상대방에게 이끌려 가면서 문답식으로 노래를 부른다.
3. 눈을 가린 사람이 '어디까지 왔니?' 하고 질문 노래를 하면 상대가 대답으로 '아직까지 멀었다.' 노래를 한다.
4. 정해진 지점에 도착하면 '다 왔다.' 하고 도착한 곳을 보여 준다.

2. 유치원 놀이

1) 전통 사회와 유치원생

아이가 5세가 되면 집중력과 모방에서 벗어나 창의적인 행동을 하게 되고 자기 자신만의 생각과 주관들이 생기기 시작한다.

동생의 출생으로 인한 가족 내에서의 새로운 위치 변화는 엄마 무릎 학교에서 벗어나 자발적으로 다양한 학습의 기회를 획득하게 되는 시기이다. 소근육이 발달하며 보다 행동의 폭이 자유롭고 움직임이 큰 활동성 있는 놀이들을 하려 한다. 부수고 깨고 하는 행동들이 나오기도 한다.

2) 5~7세의 자발적 학습 단계

자발적 학습단계에 있는 놀이를 하며 사회적인 존재로 성장한다. 그러나 사회성은 가정이나 학교에서 직접 가르쳐서 발달하는 것이 아니라, 아이의 경험과 단계적인 놀이 경험을 통하여 이루어진다. 어린이는 혼자 하는 놀이에서 벗어나 또래 친구들과 함께하는 놀이로 점차 발전한다. 놀이를 통해 게임의 규칙을 알게 되고 친구와 서로 협동하며, 차례를 지키고, 물건을 공유하는 것 등을 배워 자기중심적이고 미분화된 존재에서 점차 사회 중심적이고 분화된 존재로 성장 발달해 간다.

자발적 학습 단계 놀이

구분	놀이 활동	특징과 목표	교육적 효과
자발적 학습 단계	동요와 수수께끼, 실놀이, 색깔 찾기, 세 번 돌고 절하기, 어깨동무 씨동무, 신발 숨기기, 윷놀이, 바람개비 등	1. 자율적 놀이다. 2. 도구 놀이가 등장한다. 3. 버릇 교정의 효과가 있다. 4. 전통생활 교육의 효과가 있다.	신체적, 성격적, 사회성, 도덕성, 창의성 발달

출처 : 문화콘텐츠닷컴

3) 자발적 학습 단계 놀이의 종류

(1) 그림자놀이

놀이규칙

그림자놀이는 촛불이나 등잔불의 불빛에 손을 움직여 창문에 여러 모양의 그림자를 만드는 놀이이다. 전기가 일반화되기 전까지 전국적으로 널리 행해졌던 놀이이다.

놀이방법

불빛과 비칠 장소만 있으면 언제든지 간단하게 할 수 있는 놀이이다.

한 손 또는 두 손으로 여러 가지 모양의 그림자를 만들어 본다.

개, 여우, 새 등의 모양을 만든다. 어느 정도 익숙해지면 알아맞히기를 하거나 지정한 동물이나 물건을 만들어 겨루기를 한다.

'알아맞히기'는 만약 만드는 사람이 '개'를 만들었다면 나머지 사람이 '개'라고 맞히는 것이고, '만들기'는 한 편에서 '여우'를 만들어 보라고 하면 상대편에서 그 모양을 만드는 것이다. 만들기에서는 종이나 나무 막대 등을 이용하기도 한다.

염소 그림자 모양 만들기

두 손바닥을 펴서
마주 잡고 양 엄지를 교차한다.

꽃게 그림자 모양 만들기

양손 손가락을 모두 펴고 겹친다.
엄지는 가운데 방향으로 오므려 준다.

여우 그림자 모양 만들기

한손은 새끼손가락을 약간 구부리고
엄지는 약간 바깥쪽으로 휘게 모양을 잡고
한 손은 손목을 잡은 뒤 검지손가락을 길게
뻗는다.

새 그림자 모양 만들기

양손을 펴서 엄지손가락을 맞잡는다.

개 그림자 모양 만들기

손가락을 편다, 검지와 중지를 붙인다.
두 번째 손가락과 세 번째 손가락은
귀를 만든다.

오리 그림자 모양 만들기

오른손을 바로 세워 주먹을 쥐고 반쯤 편 상태로 손등을 구부린다.
왼손바닥은 편 채 오른손 오목한 곳에 갖다 댄다.

(2) 바람개비놀이

놀이규칙

바람개비놀이는 바람의 힘으로 돌아갈 수 있게 만든 바람개비를 가지고 돌리며 노는 놀이이다. 지방에 따라 '팔랑개비'라고 하고 '도르라미'라고도 한다. 전국적으로 행해지던 놀이이며, 아주 오랜 역사를 가진 놀이이다.

놀이방법

바람개비는 유치원부터 10세 전후의 어린이가 좋아하는 놀이이다. 손에 쥐고 달리면서 돌리는 두 날개 바람개비와 장대 끝에 달아매서 돌리는 두 날개 바람개비를 많이 가지고 논다. 손재간이 어느 정도 있는 아이들은 공중 바람개비를 만들어 날린다.
바람개비를 가지고 정해진 곳까지 이어달리기, 선 자리에서 누구의 바람개비가 더 잘 돌아가는지 겨루기 등을 하는데, 승부보다 자기가 만든 바람개비가 잘 도는 것을 재미로 삼는다. 입에 물고 바람이 부는 방향으로 뛰기도 한다.

창의적인 바람개비

(3) 풀잎 바람개비놀이

놀이규칙

4세부터 하는 놀이이다. 바람의 종류에는 샛바람, 하늬바람, 마파람, 높바람 또는 뒷바람, 칼바람 등이 있다. 바람은 눈에 보이지 않지만 힘이 강하다. 바람개비를 만들어서 돌리면 바람의 힘을 경험할 수가 있어 아이들의 호기심을 자극한다.

바람개비 만드는 방법

1. 갈댓잎을 25cm 정도 길이로 두 개 자른다.
2. 잎을 열십자로 교차시켜 그 끝을 가운데로 모은다.
3. 중앙에 꼬챙이를 끼운 다음 갈대 줄기에 꽂는다.

놀이방법

바람 방향을 향해 뛰어간다.

바람개비를 들고 뛰면 돌고, 멈추면 서는 것을 보고 아이들은 신기 하게 여기고 재미있어 한다.

3. 저학년 전통놀이

1) 초등학교 저학년 놀이

전통사회의 초등학교 저학년(1, 2학년) 아이들은 틈나는 대로 같은 마을의 또래들과 시간을 가졌다. 소꿉놀이와 병원놀이, 풀각시놀이와 술래잡기, 얼음땡 등의 놀이를 했다. 제일 인기 있는 것은 소꿉놀이였다. 그 소꿉놀이가 변형되어 요즘은 병원놀이를 하고 있다.

이 시기의 아이들은 술래잡기를 좋아하는데, 요즘은 얼음땡놀이로 변형되었다. 여자아이들이 좋아하는 풀각시놀이는 인형놀이로 변형되었다.

2) 놀이의 종류와 교육 효과

초등학교 저학년(1, 2학년) 놀이는 다음의 표와 같다.

초등학교 저학년 놀이

구분	놀이 활동	특징과 목표	교육적 효과
성역할 교육 단계	소꿉놀이, 병원놀이 풀각시놀이, 술래잡기, 얼음땡, 그림자놀이, 그림자밟기 수건돌리기 8자놀이, 닭싸움, 쌩쌩이, 글자찾기, 팔씨름, 가마타기 달팽이놀이 등	1. 자율적 놀이다. 2. 도구 놀이가 등장한다. 3. 버릇 교정의 효과가 있다. 4. 전통 생활 교육의 효과가 있다.	도덕성 발달 창의성 발달

출처: 문화콘텐츠닷컴

(1) 소꿉놀이

놀이규칙

소꿉놀이는 주로 여자 어린이들이 장난감 그릇이나 기구를 가지고 살림살이 흉내를 내며 즐기는 놀이이다. 음식만들기, 인형놀이, 손님초대 등으로, 남자아이들이 여자아이들과 함께 소꿉놀이를 하면 어른들에게 '잠지 떨어진다.'는 주의를 받았다. 하지만 오늘날에는 남녀 어린이가 함께 노는 놀이가 되었다.
어린 시절의 소꿉놀이는 아기자기하고 정겹기 때문에 함께 놀던 친구를 '소꿉동무'라고 부른다. 이 놀이를 통해 어린이들은 가정생활이나 사회생활에 들어가는 준비 과정을 경험한다.

놀이방법

1. 나이가 많거나 성숙한 아이가 리더 역할을 한다.
2. 중심인물은 엄마 아빠이고, 주변 인물은 할머니나 할아버지, 아기나 이웃집 어른이다.
3. 상황에 따라 주위의 물건이나 자연물을 활용한다.
4. 밥짓기, 상차리기, 출근하기 등을 모방하며 논다.
5. 표의 역할에 따라 적절한 대화를 구사하면서 노래를 부르면서 논다.

엄마와 아빠 소꿉놀이 예문

엄마 역할	아빠 역할
1. 여보, 출근 시간 늦겠어요. 빨리 식사하세요. 2. 당신도 참! 오늘은 우리 예쁜 딸 생일이잖아요.	1. 알겠어요. 오늘 아침에는 미역국을 끓였네요. 누구 생일인가요? 2. 내가 깜빡 잊었네요. 선물을 준비 못 해서 어떡하지!

(2) 병원놀이

놀이규칙

병원놀이는 남녀 어린아이들이 함께하는 놀이이며 놀이를 통하여 병원에 가는 두려움을 없앨 수 있고, 아픈 사람을 배려하는 사회성과 인간애를 기를 수 있다.

병원에서 일어나는 여러 가지 어려움과 치료, 위문, 식사, 요양, 회복, 주사, 투약 등으로 의사와 간호사의 역할을 흉내 내다 보면 정신과 마음에 안정을 준다. 또한 질병과 약에 대한 지식을 넓히고, 의사와 간호사의 역할, 환자의 몸가짐, 돈에 대한 개념 등에 대한 지식과 교양을 얻는다.

병원놀이 시 주의할 점

1. 상대방의 목구멍 등 의사들만 살펴봐야 하는 곳은 함부로 건들지 말아야 한다.
2. 날카로운 물건은 사용을 금지해야 한다.
3. 상대를 아프게 하지 않아야 한다.
4. 상대가 싫다는 것은 하지 않아야 한다.
5. 병원놀이에 쓰는 도구는 청결해야 한다.

놀이방법

*엄마와 아기의 병원놀이 대화 예문

*아기: 엄마, 배가 아파요.

*엄마: 날씨가 더운데 아이스크림을 먹어서 배가 아픈가 보다. 우리 병원에 가보자.

(아기는 엄마 손에 이끌려 병원에 갔어요)

*아기: 아야, 아야야 배 아파!

*엄마: 의사 선생님 우리 아기가 아이스크림을 먹고 나서 배가 아팠어요. 치료 잘해 주세요.

*아기: 선생님 주사는 꼭 맞아야 하나요? 아프지 않게 주사 놔 주세요.

*의사 선생님: (주사와 청진기를 배 위에 갖다 댄다) 배가 많이 아팠나요?

*아기: 의사 선생님, 주사는 아프지 않게 놔 주실 거죠?

-생략-

(3) 풀각시놀이

놀이규칙

풀각시 놀이는 여자아이들이 많이 했던 놀이이다. 풀각시놀이는 식물의 줄기나 잎사귀, 천 조각 등으로 인형을 만들어 살림살이를 하는 시늉을 하면서 논다. 푸른 풀을 뜯어서 나무쪽에다 풀 끝을 실로 매고 머리를 땋아 가느다란 나무로 쪽을 찐다. 옷은 헝겊 조각으로 만들어 노랑 저고리와 붉은 치마를 입힌다. 요와 이불, 베개, 병풍을 쳐놓고 혼례식 흉내를 내면서 놀기도 한다. 인형에 맞는 옷을 입힐 때는 네모나고 자그마한 헝겊의 귀에 맞추어 구색에 맞게 뒤에서 앞으로 여미어 여러 겹 싸서 동여맨다. 또 다른 방법은 각시 몸체에 나무 꼬치를 가로질러 팔을 만들고 치마와 저고리를 입힌다.

이때 조금 큰 아이들은 직접 천 조각을 재단하여 옷을 만들어서 해 입혔고, 심지어 옥수수의 겉껍질을 이용해서 조끼를 만들기도 한다. 노랑 저고리에 남색 치마를 입혀도 보고, 연두색 저고리에 분홍치마를 입혀도 보면서 자기 마음에 들도록 옷을 선택한다.

어린이들은 인형이 생명이 있는 살아 있는 사람처럼 혼잣말을 주고받으며 놀이한다. 인형을 만들고 놀이를 준비하는 과정을 통해서 손재간과 정서를 키워 주며, 사물 현상에 대한 지식도 넓혀 준다. 놀이 자체가 부모들의 행동을 그대로 모방한 것이므로 정서 순화, 언어발달, 예절 등을 습득하게 된다.

놀이방법

1. 재료는 잎이 긴 풀이나 화초의 잎사귀, 속대, 나무 등을 이용한다.
2. 풀각시놀이는 노래를 부르면서 놀이를 하면 재미있다.
3. 까치나물, 깩살이풀(왕싸리풀), 달래, 물구지(무릇), 난초, 실파, 보리 등 잎들을 더운 재 속에 파묻거나 소금물에 담그거나, 끓는 물에 살짝 데쳐서 부드럽게 하여 머리칼로

사용한다. 옥수수수염 같은 것은 데치지 않고 그대로 쓴다.

4. 머리카락은 길이가 15-20cm 정도의 나뭇가지 혹은 수숫대에 비끄러매고 다시 뒤집어서 머리와 같이 둥글게 만든 다음 땋아서 길게 늘어뜨린다.
5. 땋은 머리카락은 쪽을 지고 비녀를 꽂아 각시를 만든다.
6. 풀각시는 대, 중, 소를 만들어 어머니, 나, 아기로 이름을 붙인다.
7. 인형에 맞는 옷을 입힌다.

(4) 술래잡기 놀이

놀이규칙

술래잡기놀이는 여러 아이들 중에서 한 아이가 술래가 되어 숨은 아이를 찾아내는 놀이로 '숨바꼭질'이라고도 한다.

기본적인 술래잡기가 변하여 생긴 놀이로 앉으면 치지 못하는 '앉은뱅이', '얼음' 하면 치지 못하는 '얼음땡', 술래가 지정한 색깔을 잡는 '색깔찾기' 등이 있다.

아이들이 서로 구해 주면서 자연스럽게 어울리며 더불어 사는 것을 배울 수 있다.

놀이방법

1. 술래놀이를 하기 전에 엄지손가락을 내밀고
   '술래잡기할 사람 요기요기 붙어라. 술래잡기할 사람 요기요기 붙어라.'
   하고 노래를 부른다.
2. 가위바위보로 술래를 정한다.
3. 술래는 두 손을 깍지 끼고 눈을 가린 채로 전봇대 등에 손바닥을 댄다.
   다른 사람이 숨을 수 있도록 다음과 같이 노래를 부른다.

술래잡기 노래

무궁화꽃이 피었습니다. 무궁화꽃이 피었습니다.

꼭꼭 숨어라 머리카락 보일라.

텃밭에는 안 된다.

상추 씨앗 밟는다.

꽃밭에도 안 된다.

꽃모종을 밟는다.

울타리도 안 된다.

호박순을 밟는다.

꼭꼭 숨어라.

4. 숨는 사람들은 재빨리 숨어야 하며, 술래는 숨은 사람을 찾아낸다.
5. 숨어 있는 사람들은 술래보다 빨리 술래 집에 손을 대거나 혹은 술래가 못 찾고 포기할 경우 이기게 되며, 이 경우 술래는 계속해서 술래를 해야 한다.

(5) 얼음땡놀이

1. 얼음땡놀이는 술래잡기놀이가 변형된 놀이로 가위바위보로 술래를 정한다.
2. 술래는 한자리에 서서 열을 센 후에 사람들을 잡으러 다닌다.
3. 술래가 손으로 도망가는 사람을 치려고 할 때 도망가던 사람이 얼른 '얼음'이라고 외치며 멈추어 서면 술래는 그 사람을 칠 수 없다.
4. 멈추어 선 사람은 다른 사람이 와서 '땡'이라고 외치며 쳐 주면 다시 움직일 수 있다.
5. 술래에게 '얼음'이라고 말하기 전에 술래의 손에 닿거나 '얼음'이라고 말한 후에 움직이면 그 사람이 술래가 된다.
6. 술래가 바뀌면 다른 사람들에게 술래를 알린 후에 다시 놀이가 시작된다. 술래가 친 사람들이 많으면 가위바위보로 술래를 정한다.

(6) 꽃찾기놀이

놀이유래

이 놀이는 역사가 오래되지는 않았으며 전국적인 놀이로 지방에 따라서 '꽃찾기' 또는 '우리 집에 왜 왔니'라고 불리기도 하였다.

충청남도 금산의 양산면에서는 '달맞이놀이' '동대문놀이'라고도 한다.

[강성복 부여의 민속놀이, 부여문화원. 1994. 이상호 전래놀이 101가지]

놀이규칙

마당이나 공터에서 손쉽게 할 수 있는 아이들 놀이이다. 참가인원은 10~20명 정도이며, 두 팀으로 나뉘어 노래에 따라 가위바위보로 상대의 것을 가져오는 놀이이다.

놀이방법

1. 두 팀으로 나눈다. 가위바위보로 이긴 팀(A팀), 진 팀(B팀)을 정한다.
2. 같은 편끼리 서로 손을 잡고 3m 정도 거리를 두고 두 편이 마주 선다.
3. 가위바위보를 하여 먼저 시작하는 편을 정한다.
4. 먼저 하는 B팀이 '우리 집에 왜 왔니, 왜 왔니, 왜 왔니.' 하면서 상대편 앞으로 걸어 나간다.
5. A팀은 같은 걸음으로 뒷걸음을 하며 물러난다.
6. 같은 방식으로 A팀이 '꽃 찾으러 왔단다 왔단다 왔단다.' 노래를 부르며 B팀 쪽으로 나간다. 마찬가지로 B팀은 뒷걸음을 한다.
7. B팀이 '무슨 꽃을 찾으러 왔느냐 왔느냐.' 하면서 다시 앞으로 향한다.
8. A팀은 뒤로 밀려 나가다가 다시 상대편 이름을 부르며 '000꽃을 찾으러 왔단다, 왔단다.'라고 노래를 부른다.
9. B팀의 이름이 불린 사람과 A팀의 이름을 부른 사람 둘이서 앞으로 나가서 가위바위보를 한다.

10. 가위바위보에서 이긴 팀이 진 사람을 데리고 온다.

11. 이긴 팀에 한명이 추가되면 '이겼다 꽃바구니 하나 얻었다.'

12. 한 사람을 빼앗긴 진 팀은 '졌다 분하다 말도 말아라.'라고 노래를 부른다. 이렇게 반복하여 놀이를 한다.

꽃찾기놀이 노래

우리 집에 왜 왔니 왜 왔니 왜 왔니

꽃 찾으러 왔단다 왔단다 왔단다

무슨 꽃을 찾으러 왔느냐 왔느냐

장미꽃을 찾으러 왔단다 왔단다

가위바위보

이겼다 꽃바구니 하나 얻었다

졌다 분하다 말도 말아라

우 리 집 에　왜 — 왔 니　왜 — 왔 니　왜 왔 니
꽃 찾 으 러　왔 — 단 다　왔단다 왔　단 다 —
무 슨 꽃 을　찾 — 으 러　왔느냐 왔　느 냐 —
장 미 꽃 을　찾 — 으 러　왔단다 왔　단 다 —

가 위 바 위 보

이 — 겼 다　꽃바 구 니　하나 얻 었　다 —
졌 — 다 —　분 — 하 다　말도 말 아　라 —

제3장
전래놀이의 실제

전래 · 전통놀이를 통해 자연스럽게 문화를 알게 되고, 문화는 역사적인 시대의 사회성과 교육의 과정을 통해 계승, 발전되어 전래 · 전통놀이 교육이 사회성 발달에 미치는 영향은 아주 크다.

첫째 여럿이 함께 뛰고, 달리는 또래 친구와의 정서의 표현은 즐거움에 영향을 준다.

둘째 팽이치기, 제기차기, 연날리기, 굴렁쇠 굴리기 등을 통해 뛰고 달리면서 자연스러운 운동효과로 건강하게 자란다.

셋째 놀이를 하면서 주고받는 언행은 언어 발달을 촉진한다.

넷째 사고 발달을 촉진하여 인지적인 자율성을 기른다.

다섯째 또래들과 어울리면서 자기 생각과 행동을 조절하고, 상호 의존성과 존중의 가치를 깨달으면서 공동체 의식을 기른다.

여섯째 비현실적인 요구를 극대화하여 긴장을 해소하고, 상상력을 길러 주고, 창의적인 표현 능력을 길러 준다.

일곱째 사회적 규칙과 질서를 스스로 이해한다.

여덟째 전통 놀이와 노래를 함께 옛것을 알고 이해하며 익힐 수 있다.

전래 전통 창의성 놀이는 사회성 발달에 큰 영향을 미치고, 건전하고 바른 인격 형성에 도움을 주고, 사회성 발달을 촉진시킨다.

전래놀이에 등장하는 인물들을 묘사하여 타인의 이해와 사회성을 향상시킬 수 있다. 전래놀이는 어린 시절의 경험을 쉽게 표현할 수 있어 심리적 안정과 감정 표현으로 자존감 향상에 큰 역할을 할 것이다.

이 책에는 전래놀이와 융합 창의 놀이를 병행하며 전래놀이 그림에 색을 칠하는 색칠하기가 포함되어 있다. 색칠하기는 '어떤 색으로 칠할까?' 하는 사고와 뇌에 상상된 완성된 그림으로 손을 활용하여 색을 칠하므로 두뇌를 활성화할 수 있다.

자신의 어릴 적 경험은 뇌기능 발달에 영향을 미치며 자신이 흥미를 느낀 일을 하면 기억력 향상에 도움이 되며 학습과 경험 속에 많은 자극과 깨달음 속에서 뇌기능은 향상될 수 있다.

신체적 활동 놀이와 기억의 재생, 음악과 노래, 미술과 색을 통하여 인지기능 향상과 오감을 깨울 수 있는 활동 프로그램으로 어른과 아이가 소통할 수 있도록 구성하였다.

1. 강강술래

놀이유래

강강술래의 유래에 대해선 두 가지 설이 있는데 하나는 임진왜란 당시 이순신 장군이 우리 쪽 군세의 세를 크게 보여 적을 속이기 위해 옥매산에 불을 놓고 그 주위를 돌게 했다는 설로 '강강수월래'로 읽고 '強羌水越來, 강한 오랑캐가 물을 건너온다.'는 뜻으로 풀이한다.

다른 견해로는 '강강술래'의 '강'은 '원(圓)'을 뜻하고 '술래'는 '수레(輪)'를 뜻하거나 '순라(巡邏)'를 뜻해서 '둥글게 원을 만들어 돌아간다.'라는 뜻으로 풀이하고 있다.

그 유래와 어원에 대해서 명확히는 알 수 없지만 '강강술래'가 먼 옛날부터 집단의 대동적인 축제에서 시작되었다는 것을 알 수 있다.

해안 지방에서는 만선을 기원하고 농촌에서는 풍년을 기원하는 바람에서 출발해 점차 놀이로 정착되었다고 볼 수 있다.

한가위 밤에 놀기도 하지만 주로 대보름날 밤이나 달 밝은 밤에 놀았다.

강강술래는 국가 중요무형문화재 제8호로 지정되어 있고, 2009년에 유네스코 무형문화유산으로 등재되었다.

출처: http://blog.daum.net/82292412/2323-

놀이방법

달 밝은 보름날 젊은 아낙네와 큰애기들 20~30명이 마을의 넓은 평지에 모여 손을 잡고 오른쪽으로 돌면서 강강술래를 한다. 목청 좋고 소리 잘하는 여인이 맨 앞에 서서 메기는 소리를 하면, 나머지 사람들은 '강강술래'하고 받는 소리를 한다(한국학중앙연구원, 한국민족문화대백과, 성남). 놀이는 천천히 걷기와 뛰기로 시작하여 멍석말아풀기, 문지기놀이, 청어엮어 풀기, 고사리끊기, 기와밟기, 남생이놀이 등 다양하게 이어간다.

강강술래 노래는 한 사람이 앞소리 노래를 하면 나머지 사람들이 뒷소리를 이어서 부른다.

1) 손잡기와 걷기

1. 오른손은 손등이 위로, 왼손은 손바닥이 위로 가게 잡는다.
2. 둥글게 오른쪽으로 돌면서 노래한다.
3. 다리는 보폭을 맞추며 걷는다.
4. 강강술래 노래는 놀이에 따라 다양한 노래가 있다.

다음은 걸으면서 하는 노래이다.

앞소리	/	뒷소리
달 떠온다 달 떠온다	/	강강술래
동해동창 달 떠온다	/	강강술래
저-달이 뉘 달인가	/	강강술래
강호방네 달이라고	/	강강술래
강호방은 어디가고	/	강강술래
저 달 뜬 줄 모르는가	/	강강술래

2) 뛰기

1. 둥글게 원을 만들어 걷거나 뛰기를 한다. 처음에는 천천히 걷다가 흥이 더 해지면 빠르게 뛰어간다.
2. 무릎을 높게 올리면서 박자를 맞추면서 뛴다.

다음은 뛰면서 하는 노래이다

앞소리	/	뒷소리
뛰어 보세 뛰어 보세	/	강강술래
으신으신 뛰어나 보세	/	강강술래
얕은 마당 깊어지고	/	강강술래
깊은 마당 얕아나지게	/	강강술래

3) 멍석말기와 풀기

1. 노래에 맞추어 시계 방향으로 멍석을 말았다 푼다.
2. 돌아 나올 때도 처음 말기 시작한 사람이 방향을 달리하면 안 된다.
3. 계속 같은 방향으로 말았다가 앞사람을 따라 풀어져 나와야 한다.

<멍석말기와 풀기에서 부르는 노래>

몰자몰자 덕석몰자 / 비 온다 덕석몰자

풀자풀자 덕석풀자 / 별 난다 덕석풀자

4) 남생이놀이

1. 앞소리가 나와서 놀 사람들을 부르면 흥겹게 원 안으로 나온다.
2. 이때 점잖게 나오는 것이 아니라 남생이처럼 뒤뚱뒤뚱 까불까불 나온다.
3. 나머지는 뒷소리로 '촐레촐레가 잘 논다'라고 노래한다.

남생이 놀이의 노래는 다음과 같다.

남생아 놀아라 / 촐래촐래가 잘 논다
남생아 놀아라 / 촐래촐래가 잘 논다
빨간 옷 입은 사람 / 촐래촐래가 잘 논다
안경 낀 사람- 남자들- 여자들 모두들 놀아라- 신명 나게 놀아라

예로 이때 '빨간 옷 놀아라-' 하면 빨간 옷 입은 사람이 가운데로 나와 춤을 추고 논다.

5) 청어엮어풀기

강강술래 원무의 변형 형태로 청어를 엮고 푼 것을 춤으로 형상화 한 것이다.

청어엮기

선두가 원에서 오른손을 놓고 그 줄의 제일 끝 사람과 둘째 사람이 들고 있는 팔 아래로 들어가면 줄줄이 선두를 따라 모두 빠져나가면 끝에서 두 번째 사람은 천천히 왼쪽으로 돌다가 그 앞사람이 빠지면 두 번째 사람은 완전히 왼쪽으로 돌아서 팔이 조여지면서 왼팔이 오른쪽 어깨 위로 가게 된다. 이렇게 되면 다시 앞을 보고 이때 선두는 다시 돌아서 다음 사람들 사이로 엮어 간다.

출처: [네이버 지식백과] 강강술래 춤사위 : 청어엮기 (한국무용사전, 2011. 10. 24., 메디컬코리아 편집부)

청어풀기

청어 엮기가 끝나면 선두부터 천천히 오른쪽으로 돌면서 어깨에 있던 팔을 풀어준다. 그러면 뒷사람과 팔을 잡은 채 완전히 오른쪽으로 돌아 열의 뒤로 돌아서 자기의 뒷사람과 그 다른 사람과 엮어진 팔 밑으로 들어가 나오게 되는데 이렇게 되면 선두의 뒷사람도 오른쪽으로 돌면서 팔이 풀어진다. 이렇게 선두가 밖으로 돌아서 다시 그다음 사람과의 팔 밑을 빠져나오게 되면 줄줄이 따라 나오게 되고 그러면 모두 팔이 풀어진다.

출처: [네이버 지식백과] 강강술래 춤사위 : 청어풀기 (한국무용사전, 2011. 10. 24., 메디컬코리아 편집부)

청어엮어풀기의 노래는 다음과 같다.

청청 청애영자(엮자) / 위도군산 청애영자
청청 청애영자 / 위도군산 청애영자
청청 청애영자 / 위도군산 청애영자
풀자 풀자 청애풀자 / 풀자 풀자 청애풀자

노래가 시작되면 열을 지어 서거나 둥근 원을 그려 서로 손과 손을 잡고 맨 앞사람이 둘째 사람과 셋째 사람이 맞잡은 팔 밑으로 빠 나간다.
차례로 꿰어 나가면 오른손은 왼쪽 어깨 위에 감기게 되어 청어를 엮은 형태가 된다.
이렇게 다 엮으면 엮을 때와는 반대로 앞사람부터 풀어간다.

출처: 국립민속박물관 한국민속문학사전(민요편)

6) 문지기 문 열어라

1. 맨 앞사람이 문을 만들면 뒤이어 통과를 한 사람이 바로 문을 만든다.

2. 인원이 많으면 6~7명 정도의 모둠으로 나눈다.

3. 다 만들면 맨 앞사람이 뒷사람을 잡고 문을 통과합니다.

문지기 문 열어라 노래는 다음과 같다.

문지기 문지기 문 열어라 / 열쇠 없어 못 열겠네
어떤 대문에 들어갈까 / 동대문으로 들어갈까?
문지기 문지기 문 열어라 / 열쇠 없어 못 열겠네
어떤 대문에 들어갈까 / 남대문으로 들어갈까?
문지기 문지기 문 열어라 / 열쇠 없어 못 열겠네
어떤 대문에 들어갈까 / 서대문으로 들어갈까?
문지기 문지기 문 열어라 / 덜컹덜컹 열렸네

2. 강아지풀놀이

놀이방법

강아지풀은 밖에 나가면 쉽게 구할 수 있다.

1. 강아지풀을 손에 살살 쥐고 그 부드러운 감촉을 제대로 느낄 수 있도록 한다.
2. 강아지풀로 할 수 있는 놀이는 다양하다.
3. 강아지풀로 경주를 해보자.
4. 강아지풀을 얇은 줄기로 살살 쓸어주면 송충이가 기어가듯 움직인다.
5. 출발선과 도착선을 그어두고 누가 먼저 도착하는지 시합해본다.
6. 강아지풀 씨름. 널빤지 위에 원을 그린다.
   원안에 강아지풀을 놓고 널빤지를 주먹으로 통통 친다.
   상대편 강아지풀을 원 밖으로 먼저 내보내면 이긴다.

강아지풀 씨름

3. 고누

두 사람이 말판에 말을 벌여놓고, 서로 많이 따먹거나 상대의 집을 차지하기를 겨루면서 노는 민속놀이로 별다른 도구 없이 아무 곳에서나 두 사람만 되면 언제든지 벌일 수 있는 놀이이므로 민간에서 폭넓게 오래 전승되고 있다.

실내에서보다는 바깥에서 많이 행해지고, 겨울철을 제외하고는 수시로 행해진다. 특히, 여름철 시원한 나무 그늘에서 아이들은 물론, 어른들까지 일손을 쉬는 동안에 가볍게 벌이는 놀이이다.

놀이유래

유래를 자세히 알 수 없으나, 김홍도(金弘道) 등의 풍속화에도 나무꾼 소년들의 고누놀이 장면이 있는 것으로 보아, 그 역사가 오래되었음을 짐작할 수 있다.

놀이방법

다양한 고누가 있고 고누에 따라 방법도 조금씩 차이가 있다.

종류에는 우물고누 · 네줄고누 · 다섯줄고누 · 여섯줄고누 등의 줄고누와 곤질고누 · 패랭이고누 · 호박고누 · 자동차고누 등이 대표적인 것이다.

또한 밭고누 · 팔팔고누 · 포위고누 · 장수고누 · 왕고누 등이 있다. 그밖에 이름이 없는 것도 많은데, 그 이름은 대개 말판의 모양에 따라서 붙여진 것이며, 말판에 따라서 두는 방법이 다르다.

출처: [네이버 지식백과] 고누 (한국민족문화대백과, 한국학중앙연구원)

[호박고누] 돼지고누라고도 한다. 말을 세 개 또는 네 개씩 쓴다. 세 개일 때는 그 진행 도중 길이 막혀서 적지에 나가지 못하게 되면 진다. 예컨대, ○말이 4 · 5 · 6에 있을 때, ●말이 1 · 2 · 3의 위치에 나가서 ○말의 진로를 막으면 ○말 쪽이 진다.

출처: [네이버 지식백과] 고누(한국민족문화대백과, 한국학중앙연구원)

다양한 고누

① 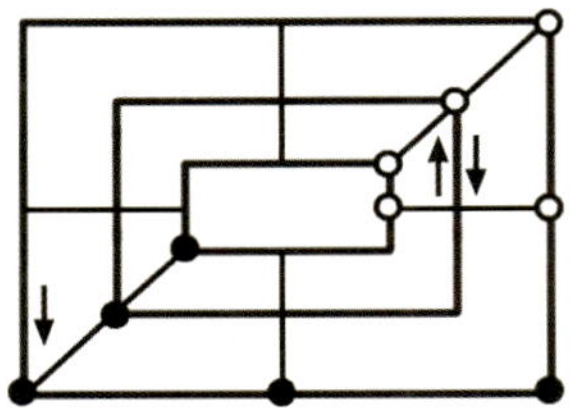	② 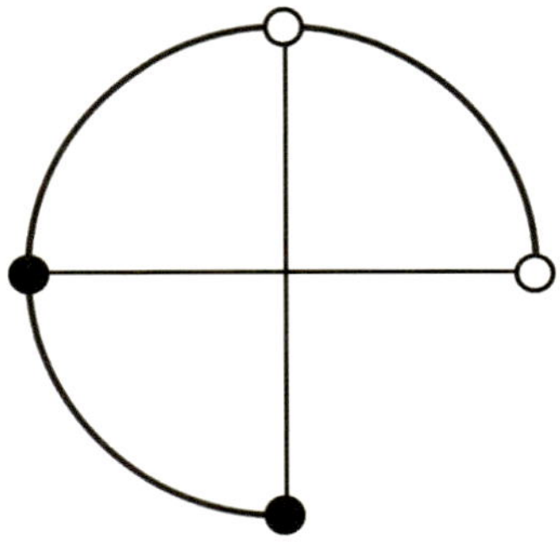	③ 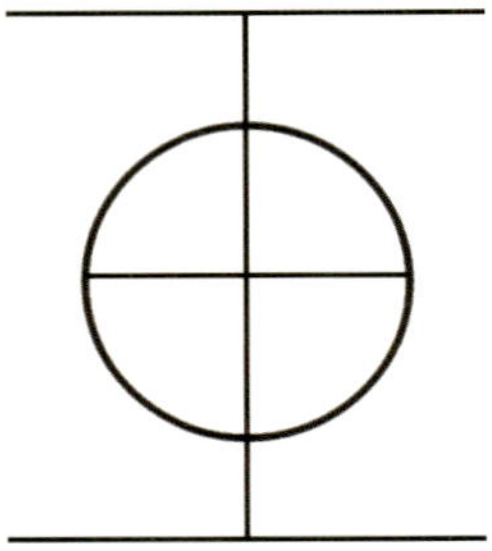
고누판	우물고누	호박고누
④ 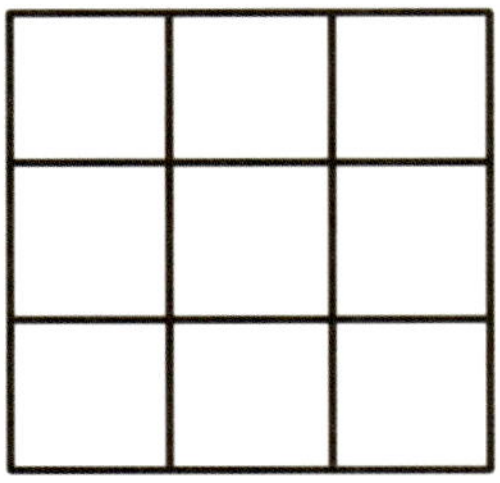	⑤ 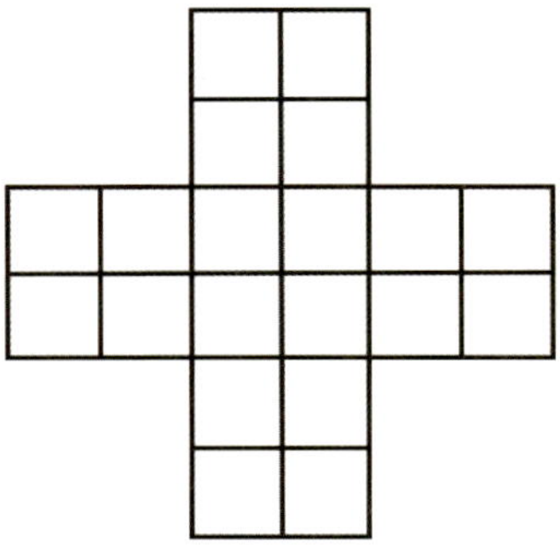	⑥ 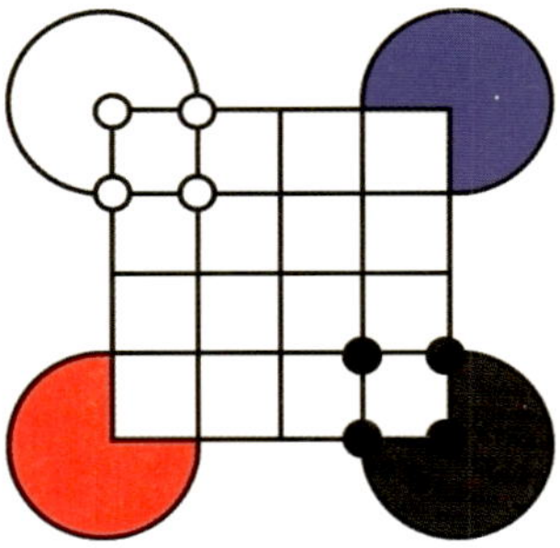
넉줄고누	홀로고누	자동차고누

고누를 하고 있는 아이들의 모습에 색을 칠해보세요.

5. 공기놀이

놀이유래

공기놀이의 유래는 확실하지는 않다. 윤덕희(尹德熙 1685~1766)의 공기놀이 그림이나 조선 헌종 때 이규경(李圭景)이 지은『오주연문장전산고五洲衍文長箋散稿』에 '우리나라 아이들이 둥근 돌알을 가지고 노는 놀이가 있어 '공기供碁'라고 한다.'라고 기록되어 있다.
공기놀이는 혼자서도 할 수 있는 놀이이며 팀을 나누어서 할 수도 있다.
소근육 발달과 주의집중력을 기르며, 점수를 낼 때마다 성취감과 자신감을 키울 수 있다.

놀이방법

1. 한 알 집기: 다섯 알을 바닥에 던져 흩어 둔 뒤에 한 알씩 집어 공중에 던진 뒤에 나머지 네 알을 차례대로 한 알씩 집어 손바닥 안에 받아서 쥔다. 다섯 알을 다 쥐면 두 알 집기로 넘어간다.
2. 두 알 집기: 한 알을 공중에 던지고 바닥의 공깃돌을 두 알씩 집어 손에 쥔다.
3. 세 알 집기: 한 알을 공중에 던지고 바닥의 공깃돌 세 알을 집고, 다시 같은 방법으로 바닥에 남은 한 알을 손에 쥔다.
4. 네 알 잡기: 공깃돌 다섯 알을 모두 손에 쥐고 한 알을 공중에 던진다. 이 돌이 바닥에 떨어지기 전에 네 알을 바닥에 놓고, 빠르게 손 안에 쥔다.
5. 꺾기: 한 알 집기에서 네 알 집기까지가 끝나면 손바닥에 공깃돌 다섯 알을 모두 얹고, 공기를 위로 살짝 던진 다음 재빨리 떨어지는 공깃돌을 손등에 올린다. 손등에 얹힌 공깃돌을 그대로 위로 띄운 다음 공중에서 손 안으로 낚아챈다. 이때 손바닥 안에 잡힌 공깃돌 수의 많고 적음에 따라 승부를 겨룬다. 이를 '나이먹기'라고도 한다.

실격이 되지 않으면 이렇게 한 차례가 돌고 난 뒤에 다시 한 알 집기로 돌아가서 계속한다.

***주의사항**

공깃돌을 집을 때 다른 돌을 건드리면 실격된다.
바닥에 있는 돌은 손 안에 쥐었으나 위로 던져서 떨어지는 공깃돌을 놓치면 실격된다.
꺾기를 할 때 손등에 얹혀 있는 돌을 위로 띄워서 하나라도 잡지 못하면 실격이 되고 게임 기회가 다른 편으로 넘어간다.

***공기놀이의 점수는?**

다섯 번째 단계인 꺾기에서 손등 위에 몇 개의 공깃돌을 받아낸 숫자에 따라 정해진다.
공기의 개수에 따라 1~5점을 얻게 된다.
꺾기의 놀이 과정에서 섬세한 손놀림과 미세한 조정력 · 집중력 등이 향상된다. 넓은 공간이 필요하지 않고 놀잇감을 구하기 쉽고 지금은 그 변형 규칙을 일일이 헤아릴 수 없을 만큼 많은 대표적인 실내 놀이의 하나가 되었다.

출처: 한국의 민속놀이(심우성, 삼일각, 1975), 한국민속대관4(고려대학교 민족문화연구소, 1982)

공기산가지놀이

알곡을 주워라 (공기산가지놀이 변형) *

공기를 많이 펼쳐놓고 한 사람당 1개, 2개, 3개까지 손가락으로 옆의 공기를 건드리지 않게 원을 그려주고 원 그리기를 성공했으면 1개 가져가고 2개도 같은 방법으로 성공하면 가져갈 수 있는데 3개가 마지막 기회다. 중간에 만약 원을 그리다 옆의 공기에 손을 닿으면 탈락이고 그다음 사람이 도전하는 방식이다

* 공기가 다 없어지면 많은 알곡을 주운 팀이 승리가 된다,

공기놀이 다양한 방법

공기놀이에는 여러 가지 기술이 존재하는데 공기놀이 기술의 모양이나 방법에 따라 다양한 이름이 붙여져 있다. 아리랑, 쓰리랑놀이, 피아노놀이 등이 있다.

1. 아리랑, 쓰리랑놀이

보통 공기가 손 등위에서 두 부분으로 갈라졌을 때 쓰는 방법이다. 보통은 손바닥으로 한 번 움켜쥐는 것이 전부이지만, 이 기술은 위에서 아래로 내려치듯이 받고 다시 손바닥을 위로 보게 한 뒤 아래에서 위로 올려 치듯이 받는다. 그 모양이 꼭 아리랑의 선율과 비슷하다고 해서 아리랑이라고 부른다.

2. 쓰리랑공기놀이

반대로 아래로 먼저 받고 위로 받는 것을 쓰리랑이라고 한다. 아무래도 아리랑의 반대가 쓰리랑이라고 사람들이 인식하기 때문인 듯하다.

3. 피아노놀이

아리랑과 쓰리랑 기술을 쓰기 위해서 공기를 손등 위에서 둘로 가를 때 사용한다. 손가락을 피아노 치듯이 꼼지락거리기 때문에 기술명이 피아노로 정해졌다.

새색시와 처녀들이 공기놀이를 하고 있습니다. 색을 칠해보세요.

6. 굴렁쇠굴리기

놀이유래

정확한 유래는 알 수 없으나 나무로 만든 술통을 굴리며 놀던 데서 유래했다고 한다. 이후 대나무로 만든 둥근 테와 굵은 철사, 작은 수레바퀴와 같은 폐품을 이용하여 굴리면서 놀았다고 한다.

굴렁쇠굴리기는 둥그런 쇠를 U자나 Y자형 채를 이용하여 굴리는 놀이이다. 굴렁쇠굴리기는 달려가는 속도를 조절하며 하는 것이 중요한 전신운동으로 체력 증진에 좋고 굴렁쇠가 넘어가지 않게 조정하는 능력과 집중력, 판단력, 몸의 유연성에 효과가 있다.

놀이방법

1. 굴렁쇠는 원형이어야 하고 굴렁대는 굴렁쇠가 들어갈 폭의 U자형에 60~70cm 길이에 손잡이가 있어야 한다.
2. 항상 진행 방향을 향하도록 해야 한다. 굴렁대는 오른 손잡이용과 왼손잡이용이 있어야 한다. 굴렁쇠를 멈출 때는 왼손잡이는 바대로 한다.
3. 굴렁쇠는 몸의 가운데 위치하고 팔을 앞으로 약간 뻗어 굴렁대를 바닥에서 약 45도 지점에 댄다.
4. 왼손으로 굴렁쇠를 몸쪽으로 살짝 당겼다가 앞으로 밀어 굴리며 나아간다.
5. 굴렁쇠와 굴렁대가 항상 밀착되도록 미는 힘의 세기를 조절하는 것이 중요하다. 힘의 강약조절과 뛰어가는 속도 등을 조절하여야 한다.
6. 굴리는 동안 굴렁대가 굴렁쇠 위아래로 이동하지 않고 일정한 위치에 있어야 넘어지지 않고 안전하게 굴릴 수 있다.
7. 방향 전환은 손목의 힘을 이용하여 굴렁대를 원하는 방향으로 틀어서 전환한다.
8. 굴렁쇠를 멈출 때는 굴렁쇠의 윗부분을 굴렁대로 걸어 올리면 된다.
9. 여러 명 팀을 나눠 이어달리기를 할 수 있다.

   먼저 출발선과 반환점을 만든다. 먼저 반환점을 돌아온 사람이 다음 사람에게 굴렁쇠

아낙과 처녀들이 널뛰기를 하고 있습니다. 색을 칠해보세요.

널뛰기놀이의 종류

<table>
<tr><td>곧추뛰기</td><td>뛰어올랐을 때 두 다리를 곧추 펴고 뛰는 것</td></tr>
<tr><td>가위발뛰기</td><td>두 다리를 앞뒤로 벌려 뛰는 것</td></tr>
<tr><td colspan="2">높이뛰기와 오래뛰기 기술이 능숙하게 되면 여러 가지 재주를 부리면서 겨루기를 하는 것</td></tr>
<tr><td>데사리 뛰기</td><td>몸을 솟구쳐 뛰어올랐다가 그대로 내려오지 않고, 한 바퀴 돌려 떨어져서 쿵 하고 구르는 재주</td></tr>
<tr><td rowspan="3">중둥꺾기</td><td>높이 뛰었다가 공중에서 허리를 뒤로 한 번 지쳤다가 내려오기</td></tr>
<tr><td>발을 벌렸다가 양옆으로 폈다가 다시 모으면서 내려오기</td></tr>
<tr><td>뛰어올라 빨랫줄을 잡고 몸을 곧추 세웠다가 내려오기 등</td></tr>
</table>

10. 놋다리밟기

놀이유래

놋다리밟기는 경상북도 안동, 의성 등지에서 정월 대보름날 밤에 부녀자들이 하는 민속놀이이다.

고려 공민왕이 홍건적에 쫓겨 공주와 함께 경주로 파천하다 안동에서 개울을 건너게 되었는데 다리가 없어 인근의 소녀들이 나와 등을 굽혀 공주가 밟고 건너게 한데서 시작되었다 한다. 왕은 고마움에 경주로 가지 않고 안동에서 머물다 난이 끝나자 환궁하였다 한다.

안동에서는 '놋다리밟기를 놀아야 풍년 든다.'는 말이 전한다. 정월 대보름날 밤 둥근 달 밑에서 출생을 담당하는 여성들만이 모여 논다는 의미에서 농경사회의 풍년기원의 뜻도 있다고 한다.

놀이방법

1. 마을의 젊은 여자들이 일정한 장소에 모여 노래를 부르며 놀이를 시작한다.
2. 모두 일렬로 늘어서서 허리를 굽힌 뒤 앞 사람의 허리를 두 팔로 감아 안고 미리 선발된 공주가 등 위를 걸어간다. 공주는 노래에 맞춰 천천히 걸어간다. 이때 좌우에서 시녀가 공주의 손을 잡아 쓰러지지 않게 도와준다.
3. 공주가 등을 밟고 지나가면 놋다리를 한 여자는 다시 앞으로 가서 다리를 이어간다.
4. 노래는 맨 앞에선 창립들이 선창을 하면 뒤에 따르는 사람이 후렴을 한다. 창립은 손자와 외손자를 다 본 복 많은 부인들만이 설 수 있다고 한다.

안동에서는 1989년 12월 안동놋다리밟기 보존회를 구성하여 1996년 제27회 안동민속축제 때부터 놋다리보존회 시연을 하고 있다.

놋다리밟기의 원무(圓舞) 형성의 상징성이나 노래 가사에
'기어디서 손이 왔노, 경상도로 손이 왔네,
무슨 꼭개 싸여왔노……' 하며 멀리서 손이 와서 환대를 받는 상황이 있다.

둥둥데미노래
어화유리 둥둥데미
둥둥데미 어화유리
저달봤나 난도 봤다
저빌(별)봤나 난도 봤다
저길봤나 난도 봤다.

끝나면 '실감기노래', '집실로 감아라/당대실로 풀어라'에 맞추어 똬리를 푼다.

젊은 부녀자들이 놋다리밟기를 하고 있습니다. 색을 칠해보세요.

11. 다리세기놀이

놀이유래

놀이방법

10세 전후의 아이들이 겨울에 따뜻한 방에서 삼삼오오 모여 다리를 교차로 뻗어서 노래를 부르면 다리를 센다. 세다가 노래가 끝나는 마지막에 짚은 다리가 술래가 되고 술래에게 벌칙을 주는 놀이이다.

각 지방의 놀이마다 다르지만 '이거리 저거리 각거리', '한알개 두알개', '콩하나 팥하나', '꽁꽁 꽁서방', '이박 저박 꼰두박', '한알대 두알대', '하나 둘 셋' 등 다양한 노랫말들이 전승되어 왔다. 마지막에 마무리로 '똥', '땡', '뽕' 등의 노랫말로 강조하며 부른다.
다리세기의 특징은 서열을 정하는 놀이이며 요즘은 '코카콜라 맛있다, 맛있으면 또 먹어 배탈 나면 척척박사님 알아맞혀 보세요. 딩동댕동'으로 바꾸어 부르기도 한다.

이거리 저거리 각거리
천사 만사 두만사
조도김치 장두칼
장땅개 이땅개
스무리땅개 꽃바꿍(충남 부여)

한알때 두알때
육남 거리 팔괘 장군
누루 사슴이
범에 약대
고드레 땡(평안도)

한알동 두알동
삼사녀 녀교
오두오두 부두
제비사니 게사니
종재비 팔딱(황해도)

한알대 두알대
삼사 나그네
영남 거지 탈대 장군
구드레 뺑
똥기 땡(경기도)

이거리 저거리 각거리
청사 망사 도망건
도어리 김치 장독간
서울 양반 두양반
진주댁이 열석량
까마귀까우 양지벌이
벌이 사시
빵땡 코파(경상도)

한콩 두콩
연질 녹두
금상 가치
섬에 딱콩(전북 김제)

출처: [네이버 지식백과] 다리세기놀이 (한국세시풍속사전)

12. 다방구

놀이유래

다방구는 대한민국의 어린이 놀이로 술래잡기 놀이의 하나이다. 부산은 '다망구'로 쓰기도 한다. 여럿이 함께 할 수 있는 놀이로 누구나 할 수 있는 놀이이다.

놀이방법

1. 진(기둥, 나무, 전봇대 등)을 정한다.
2. 가위바위보로 술래를 정한다.
3. 이긴 사람들은 모두 달아나서 숨는다.
4. 술래가 숫자를 세고 10~15초가 끝나면, 흩어진 사람들을 찾아 잡는다.
5. 술래에게 조금이라도 몸이 닿으면 진에 줄을 서야 한다.
6. 여러 사람이 잡히면 먼저 잡힌 사람의 손이나 어깨를 잡고 잇는다.
7. 술래에게 잡히지 않은 사람이 술래 몰래 손을 대면 모두 풀려난다.
8. 그렇지 않고 모두 잡히면 술래를 맡은 사람을 제외한 나머지 사람들끼리 다시 편을 짜서 새 술래를 정한다.
9. 술래는 놀이 인원에 비례하여 1명 이상을 둘 수 있다.

13. 달팽이놀이

놀이유래

달팽이 모양의 놀이판을 그려놓고 하는 놀이로 '돌아잡기'란 말도 있다. 서산 지방에서 <서산민속지>를 통해 각 마을마다 다양한 형태가 있다고 소개하고 있다. 고북면 장요리에서는 보기에도 어지럽게 여러 겹 달팽이를 그리고 있어 원형을 잘 보존하고 있다. 나이에 상관없이 할 수 있는 놀이이다. 바닥에 그린 놀이판이 나선형이라고 해서 '골뱅이놀이', 빙빙 돌아간다고 '돌아잡기', 중간에서 마주친다고 해서 '마주치기놀이'라고도 한다.

놀이방법

1. 달팽이 모양의 선을 그린다.
2. 두 팀으로 나누어, 한팀은 안쪽에, 다른 한 팀은 바깥쪽에 한 줄로 선다.
3. 팀별로 다 같이 한 줄로 서 있다가, '시작' 신호와 동시에, 각 팀의 맨 앞에 있는 사람이 출발선에서 출발한다.
4. 달려가다가 상대편을 만나면 가위바위보를 해서 이긴 사람은 계속하여 달리고, 진 사람은 자기편 맨 뒤에 가서 선다. 이때 자기편 사람이 진 것이 확인되면 맨 앞에 있던 사람이 재빨리 진에서 뛰어나와야 한다.
5. 위와 같은 방법으로 계속 상대편과 만나서 가위바위보를 해서, 상대편 진 안에 먼저 도착하면 이긴다. 승부가 나면 진을 바꾸어 놀이를 계속할 수 있다.

놀이효과

판단력과 책임감, 체력증진에 도움을 준다.

달팽이는 비가 온 다음 날 풀밭에 느릿느릿 기어가는 것을 볼 수 있다.

옛날부터 달팽이에 관한 이야기나 노래가 많다.

'달팽아 달팽아 한 푼 줄게 춤추어라.'(평남 평양지방)

'달팽아, 달팽아. 너희 집에 불났다. 소시랑(쇠스랑) 가지고 뚤레 뚤레 오너라.'(전북 익산지방)

※ 달팽이 대신 두꺼비로 불리기도 한다.

출처: 달팽이 (문화콘텐츠닷컴 (문화원형백과 전통놀이), 2002., 한국콘텐츠진흥원)

14. 돈치기

놀이 유래

이 돈치기 놀이는 주로 시골의 청소년들이 넓은 마당에 줄을 그어 놓고 하는 놀이인데, 두 사람이면 할 수는 있으나, 4~5명이면 가장 이상적이다.

놀이방법

자기가 서 있는 곳에 가로로 줄을 긋거나 또는 적당한 표시를 하여 놓고 동전이 그곳에서부터 약 3m 전방에 1m 정도의 줄을 가로로 그은 다음 약 20cm 앞에 동전이 하나 들어갈 정도로 구멍을 뚫어 놓는다. 이렇게 준비를 마친 다음 우선 돈치기의 순서를 정하는데, 이 순서는 제각기 동전을 던져서 구멍 쪽에 가까이 떨어진 사람이 순위가 빠른 것이다. 이렇게 해서 순서가 결정되면 첫 번째 사람이 모인 동전을 주먹에 쥐고, 전방의 구멍을 향해 던지는데, 이때 구멍 속에 들어간 것은 공짜로 먹게 되지만, 줄 밑으로 떨어지면 벌금을 내야 하는 룰도 있어 재미있는 놀이이다.

다음은 구멍 주위에 흐트러져 있는 돈을 손바닥만한 돌로 상대방이 지정하여 주는 것을 맞추어 먹는 것인데, 이때는 될 수 있는 한 맞추기 어려운 것을 상대가 지적하게 되므로 매우 어려운 놀이이다. 이때 만약 지적해 준 것을 맞추지 못하고 다른 동전을 맞추게 되면 규칙에 따라 또 벌금을 내야 한다. 이와 같이 돈치기 놀이도 역시 지혜롭게 해야 하므로 구멍 속에 넣기가 어려울 때에는 차라리 돈의 간격이 넓게 떨어질 수 있도록 뿌려 놓고 지적하는 것을 명중시켜 따먹는 것이 좋다. 요즘은 이 같은 놀이도 우리들의 주변에서 사라져 간 것 같다.

마을사람들이 돈치기를 하고 있습니다.

색을 칠해보세요.

15. 딱지치기

놀이유래

예전에는 겨울철에 나무껍질을 이용해 딱지를 만들어 놀았다고 한다.

그 이후 종이 중 질기고 두꺼운 종이를 이용해 딱지를 만들었고 주로 남자아이들의 놀이로 전해져 왔다.

딱지 종류가 다양하게 만들어졌고, 동그란 딱지, 왕딱지, 젤리딱지, 동전딱지, 플라스틱 딱지 등 여러 형태의 재질로 만들어진 딱지들이 등장하였다.

요즘에는 우유갑을 재활용하여 딱지를 만들어 사용하기도 한다.

놀이의 효과

1. 팔의 힘을 기를 수 있다.
2. 딱지를 넘기기 위한 집중력을 키울 수 있다.
3. 어떻게 하면 잘 넘길 수 있나 방법을 생각하게 된다.
4. 순서를 기다리는 참을성을 배울 수 있다.

놀이규칙

딱지치기는 종이를 접어 만든 딱지를 땅바닥에 놓고 다른 딱지로 그 옆을 쳐서 바닥의 딱지가 뒤집히거나 일정한 선 밖으로 나가면 따먹는 놀이이다. 중간에 딱지를 바꿀 수는 없다. 딱지 만들기를 참고하여 딱지를 만들어 보자. 딱지를 잘 못 접는 친구는 도와준다.

놀이방법

딱지의 놀이 방법에는 여러 가지가 있다.

뒤집기, 쳐내기, 벽치기 등 다양한 방법이 있다.

출처 : 우리가 정말 알아야 할 우리 놀이 백 가지

1. 종이 두 장으로 딱지 접기

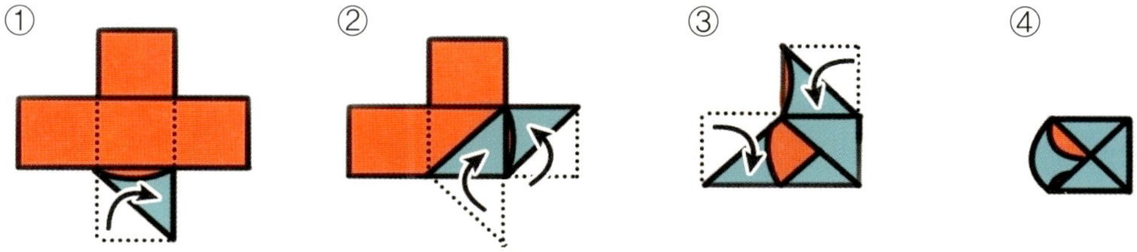

2. 종이 한 장으로 딱지 접기

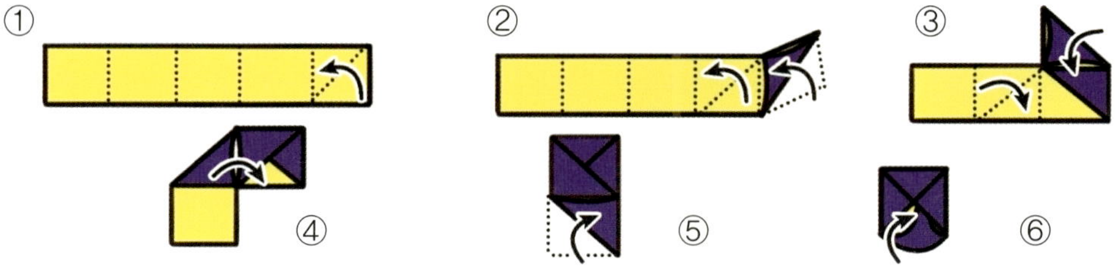

준비물

두꺼운 종이, 잡지책, 우유갑, 날짜 지난 달력

놀이방법 1

1. 딱지를 만든다.
2. 쎄쎄쎄로 팀을 만든다.
3. 순서를 정한다.
4. 딱지 가까이에 발을 대고 딱지를 넘긴다.
5. 딱지가 넘어가면 상대방 딱지를 갖는다.
6. 다음 팀원이 도전을 한다.
7. 딱지를 쳐서 이긴 사람이 계속 도전을 받는다.
8. 모둠에서 딴 딱지 개수를 가지고 승패를 가린다.

* 딱지 넘겨먹기

딱지를 들고 상대편의 딱지를 뒤집어 넘기는 놀이이다.

내가 딱지를 던져서 상대편 것이 넘겨지면 내 것이 된다.

* 딱지 날려먹기

한 손으로 딱지를 잡고 앞으로 멀리 날려서 더 멀리 간 사람이 우승한다.

가장 멀리 간 사람 다른 사람의 딱지 한 개씩 갖는다.

* 딱지 밀어내기

바닥에 둥근원을 그려놓고 상대편 딱지를 내리치며 밀어내는 놀이이다.

이때 자신의 딱지가 원안에 있어야 우승이 되는 것이다.

자신이 던진 딱지가 밖으로 나가면 상대편에게 딱지를 하나 준다.

딱지놀이 방법

뒤집기(넘겨먹기)
1. 가위바위보로 순서를 정한 다음, 선을 뺀 나머지 사람이 딱지를 1장씩 바닥에 댄다.
2. 선이 자기 딱지로 바닥의 딱지를 쳐서 뒤집기를 시도한다.
3. 딱지를 넘기면 그 딱지를 가지고 계속할 수 있으며, 잃은 사람은 다시 딱지를 대주어야 한다. 실패하면 자기 딱지를 그 자리에 둔 채 다음 사람에게 기회가 넘어간다.

쳐내기(밀어내기)
1. 흙바닥에 지름 1.5cm 정도의 원을 그린 다음 가위바위보로 순서를 정한다.
2. 원 가운데에 이긴 사람을 뺀 나머지 사람이 딱지 1장씩을 대 놓는다.
3. 선은 자기 딱지로 원 안 딱지를 쳐서 쳐내기를 시도한다.
4. 상대 딱지가 원 밖으로 나가면 잃은 사람은 다시 딱지를 대주어야 한다. 실패하면 자기 딱지를 그 자리에 둔 채 다음 사람에게 기회가 넘어간다.

벽치기
1. 별도로 순서를 정하지 않고 한 사람씩 나와서 자기 딱지를 벽에 힘껏 때린다.
2. 벽에서 가장 멀리 튀어 나간 딱지가 나머지 딱지를 모두 따먹는다.

날리기
1. 가위바위보로 순서를 정한 다음 진 사람부터 차례대로 딱지를 앞으로 날린다.
2. 가장 멀리 날아간 딱지가 나머지 딱지를 모두 따먹는다.

별 높이 날리기
1. 선을 정한다.
2. 선은 별이 보이지 않게 딱지 두 무더기를 바닥에 깔아 놓는다. 여러 명이 할 때는 사람 수만큼 무더기를 깐다.
3. 상대방은 그 중 하나를 택해 걸고 싶은 만큼의 딱지를 건다.
4. 양쪽 딱지를 뒤집어 별이 많은 사람이 딱지를 따먹는다. 예를 들어 딱지를 건 사람이 별이 많으면 자기가 건 만큼의 딱지를 세어서 받고, 별이 적으면 세지 않고 상대에게 그냥 준다.

접붙이기
가위바위보에서 진 사람부터 건물의 담장이나 벽에서 딱지를 떨어트려 먼저 떨어진 딱지 위로 자기 딱지가 올라가면 나머지 딱지를 모두 갖는데, 성공하면 계속하고 실패하면 자기 딱지를 둔 채 다음 사람에게 기회가 넘어간다.

16. 땅따먹기

놀이유래

'땅뺏기', '땅재먹기', '땅빼앗기'라는 이름으로도 불리며 일정한 크기의 땅을 서로 많이 차지하는 놀이로써 흙을 만지면서 놀 수 있는 흔치 않은 놀이 중의 하나이며 흙과 친숙해지는 계기를 만들어준다.

놀이방법

1. 땅바닥에 3m 정도의 원 또는 사각형을 그린다.
2. 각자 한 모퉁이를 자기 집으로 정한다(자기 뼘으로 반원을 그린다.).
3. 가위바위보로 순서를 정한다.
4. 이긴 사람부터 목자 도자기 깨진 것을 둥글게 만든 것을 세 번 튀겨서 자기 집으로 되돌아오면 목자가 지나간 선이 자기 땅이 된다.
5. 자기 집으로 세 번까지 돌아오지 못 하면 실격이다.

놀이규칙

한사람이 계속하다가 실패하면 교대로 하는 방법이 많이 사용되지만 숙달되면 혼자서 너무 오래 하기 때문에 재미가 없으므로 실패를 하든 안 하든 교대로 한 번씩 하는 방법이 있다.

17. 무궁화 꽃이 피었습니다

놀이유래

남궁억(1863년-1939년) 선생은 일제 강점기에 우리나라 꽃 무궁화를 사랑하셔서 무궁화 보급에 앞장섰고, 2000년 1월의 문화인물로도 선정된 민족운동가로 선정되신 분이시기도 하다.

그는 우리나라 무궁화꽃 수놓기 운동을 주도한 인물로서 많은 가구에게 무궁화 수틀을 보급했을 뿐 아니라 여러 주민들과 함께 무궁화를 심어 민족정신을 고취시킨 인물이다. 무궁화는 우리나라를 상징하는 국화이다.

놀이효과

1. 몸을 움직이지 않고 기다리는 시간을 통해 참는 능력을 키울 수 있다.
2. 팀원을 구할 수 있는 리더십을 키울 수 있다.
3. 조마조마하던 긴장감을 전력 질주를 통해 긴장감을 해소하는 방법을 배울 수 있다.

놀이방법

1. 몸으로 가위바위보를 해서 술래를 정한다.
2. 놀이 인원은 15~20명이 적합하다.
3. 술래는 정해진 벽이나 기둥을 향해 선다.
4. 놀이 아이들은 정해진 곳에 서서 기다린다.
5. 눈을 가린 술래가 '무궁화꽃이 피었습니다.'를 외친다.
6. 술래가 '무궁화꽃이 피었습니다.'를 외칠 때 서 있는 아이들은 재빠르게 움직여 술래가 있는 벽으로 다가간다.
7. '무궁화꽃이 피었습니다.'를 외친 후 술래가 아이들을 볼 때 움직이는 아이는 술래에게 잡혀가게 된다.

8. 잡힌 아이는 술래와 손가락을 걸고 잡혀 있다.
9. 술래가 '무궁화꽃이 피었습니다.'를 외칠 때 다른 아이가 술래와 손가락이 걸린 친구의 손을 쳐주면 처음 시작한 선까지 빠르게 도망간다.
10. 선까지 도망 못 가면 술래가 된다.

유의사항

1. 술래에게 걸린 친구들은 술래 옆으로 서게 해야 한다.
2. 전력 질주할 때 옆 사람과 부딪치지 않게 주의해야 한다.

앉은뱅이놀이

술래가 무궁화꽃이 피었습니다.

나머지 사람들은 돌아다니다가 술래가 오면 '앉은뱅이' 하고 앉는다.

앉기 전에 술래에게 잡히면 잡힌 사람이 술래가 된다.

18. 물피리놀이

놀이유래

버드나무로 만든 '호디기'라고 불리우던 놀이가 있었다.

버드나무가 물이 오르기 시작할 때 피리모양을 만들어 부는 놀이이다.

버드나무로 만든 피리소리는 맑은 소리가 난다.

요즘은 다양한 놀이기구가 나와 있다.

놀이방법

1. 손 쉽게 구할 수 있는 요구르트 통 또는 커피 일회용 용기 통이면 된다.
2. 요구르트 통 한쪽 면에 구멍을 내거나 위에서 두꺼운 빨대를 꽂는다.
3. 통 안에 물을 담아 불면 통 안의 물이 거품을 내며 '보글보글' 소리를 낸다.
4. 잘게 자른 종이, 스티로폼, 병뚜껑 등을 넣어둔다.
5. 빨대를 통 안에 넣고 입으로 빨대를 부는 세기에 따라 통 안의 재료가 어떻게 움직이는지 관찰한다.

병뚜껑 또는 스치로폼	일회용 플라스틱컵	컵에 물을 넣고 빨대를 분다

19. 복! 받아라

놀이효과

놀이를 통해 앞사람과 뒷사람의 보조에 맞추어야 하므로 배려하는 마음을 배우고 서로 협동하는 마음을 기른다

준비물

지름 25cm 정도의 탱탱볼 2개~4개

놀이방법

*두 팀을 나누고 한 팀에 5명~10명 정도 줄을 세우고 앞으로나란히 한 만큼 간격을 둔다.
탱탱볼을 앞사람부터 위로 넘기면서 복! 받아라~
외치며 떨어뜨리지 않고 넘기게 한다.
끝까지 가면 끝에서 뒤로 돌아 다시 한번 더
복! 받아라~ 하면서 앞으로 보낸다.

*제일 먼저 도착 한 팀이 이긴다.
*만일 중간에 떨어뜨리면 주워서 처음부터 다시 하던지 어르신들은 기관이나 수행능력에 따라 떨어진 곳에서부터 다시 하시든지 상황을 보고 사회자가 결정한다.

20. 봉선화

놀이유래

어린아이들과 여인들이 봉선화로 손톱을 붉게 물들이는 풍속. 한자어로 염지(染指)라고 한다. 봉선화(鳳仙花)는 금봉화(金鳳花), 급성자(急性子), 투골초(透骨草), 지갑화(指甲花), 봉선(鳳仙), 봉황죽(鳳凰竹), 소홍도(小紅桃), 금사화(禁蛇花), 등잔화, 봉숭아라고도 일컫는다.

『동국세시기(東國歲時記)』 4월(四月) 월내조(月內條)에 보면 '계집애들과 어린애들이 복숭아를 따다가 백반에 섞어 짓찧어서 손톱에 물을 들인다.'라는 기록이 있다. 또 『임하필기(林下筆記)』에는 '봉선화가 붉어지면 그 잎을 쪼아 백반을 섞어 손톱에 싸고 사나흘 밤만 지나면 심홍빛이 든다.'라고 했다. 어린아이들에게까지 이 봉선화물을 들여 주는 것은 예쁘게 보이려는 뜻보다 병마를 막기 위한 것이었다. 곧 귀신이 붉은색을 두려워하므로 손톱에 붉은 봉선화물을 들여 병귀를 쫓을 수 있다는 믿음에서 생긴 풍속이다.

예전에는 남자아이들도 봉선화물을 들였다. 이것은 봉선화가 나쁜 기운을 쫓아낸다고 믿었기 때문이다. 예부터 봉선화는 못된 귀신이나 뱀을 쫓아낸다고 알려져 있다. 집의 울타리 밑이나 장독간 옆, 밭 둘레에 봉선화를 심으면 질병이나 나쁜 일이 생기지 않고 뱀이 집 안으로 들어오지 않는 것으로 믿었다. 실제 봉선화에서는 뱀이 싫어하는 냄새가 나므로 봉선화를 심으면 뱀이 가까이 오지 않는다. 그런 까닭에 봉선화를 금사화(禁蛇花)라고도 부른다. 원래 이 풍속은 오행설에 붉은색[赤]이 사귀(邪鬼)를 물리친다는 데서 유래하였다. 첫눈이 내릴 때까지 손톱에 봉선화물이 남아 있으면 첫사랑을 만나게 된다는 이야기도 있다. 봉선화물은 손톱이 숨을 쉴 수 있어 건강 면에서 효과적이다.

놀이방법

봉선화가 피면 꽃과 잎을 섞어 찧은 다음, 백반과 소금을 넣어 이것을 손톱에 얹고 호박잎, 피마자잎 또는 헝겊으로 감아 붉은 물을 들인다.

어머니와 딸이 봉선화물을 들이고 있습니다.

그림에 색을 칠해보세요.

21. 비석치기

놀이유래

납작한 돌을 세워 놓고 얼마쯤 떨어진 곳에서 돌을 던져 맞히거나 특정한 동작을 하여 쓰러뜨리는 놀이이다.

이 놀이의 각 단계에 붙여진 이름을 살펴보면 놀이상황과 동작이 일치됨을 볼 수 있다.

놀이효과

이 놀이를 함으로써 거리 감각과 집중력, 그리고 정확성을 기를 수 있다.

그리고 신체의 각 부위를 활용함으로써 전신운동을 하면서도 동시에 조심스러움을 키울 수 있는 놀이이다.

놀이방법

비석치기는 다양한 놀이 방법이 있다.

<table>
<tr><td>토끼뜀</td><td>발목에 낀 돌을 떨어뜨리지 않으면서 가려고 깡충깡충 뛴다.</td><td></td></tr>
<tr><td>오줌싸개</td><td>오줌 싸서 옷이 젖은 것처럼 어기적어기적 걸어간다.</td><td></td></tr>
<tr><td>배사장</td><td>가슴 위에 얹어 놓아 배가 나온 것 같은 모습이 사장 같다.</td><td></td></tr>
<tr><td>도둑발(발등)</td><td>발 등에 얹고 살금살금 간다.</td><td></td></tr>
</table>

떡장수	머리에 떡을 이고 팔러 다니는 것 같다.	
신문팔이	신문을 겨드랑이에 끼고 돌리는 모습	
딸 낳고 아들 낳기	사타구니에서 아기가 나온다.	
세 발 뛰어 던지기 (세발걸이)	망을 던져놓고 세 발을 뛴 다음 네 발째 차서 비석을 쓰러뜨린다.	

어깨(훈장)	어깨 위에 망을 올려놓고 가서 망을 떨어뜨려 쓰러뜨린다. 오른쪽, 왼쪽 어깨의 순서로 한다.	
목	목 뒤에 망을 올려놓고 걸어가서 망을 떨어뜨려 비석을 쓰러뜨린다.	
장님(봉사)	망을 던져놓고 눈을 감은 상태에서 걸어가, 망을 찾아 눈을 감은 채로 던져 쓰러뜨린다.	

22. 사방치기 놀이

놀이유래

1930~1940년대에 유행된 놀이로 그 당시 크게 어떤 놀이 기구가 있는 것이 아니어서 놀이 기구 없이도 할 수 있는 것이 유행되었을 것으로 짐작된다.

평평한 땅에 바둑판 모양의 칸을 만들어 번호를 적는다. 납작한 돌이나 사금팔이 등으로 순서에 따라 돌을 던져놓고 깨금발(앙감질)로 돌아 나오는 놀이이다.

놀이방법

1. 놀이판 칸에 번호를 정하여 적는다.
2. 돌이나 발이 선에 닿거나 순서가 틀리면 실격이 된다.
3. 돌을 1번에 던져 놓고 2번으로 발로 차서 보낸다.
4. 2번에 건너가서 다시 3번으로 발로 차서 보낸다.
5. 3번에서는 4번, 5번, 6번을 차례로 거쳐도 되고, 7번으로 직접 보내도 된다.
6. 3번에서 7번으로 돌을 보냈을 때는 다리를 벌려 4번, 5번을 딛는다.
7. 앙감질(깨금발)로 6번을 거쳐 7번으로 가서 돌을 8번으로 보내면 한 판이 끝난다.
   끝까지 간 후에 8번에서 다시 1번으로 돌아 나오는 방법도 있다.

할아버지 앞에서 사방치기를 하고 있습니다.

그림에 색을 칠해보세요.

23. 산가지

놀이유래

산가지(산대) 수를 사용하는 막대로 중국 주나라 때 만들어진 것으로 보이며 우리나라에는 삼국시대 때 들어왔다.

수를 셀 수 없었던 옛날 수를 셈하기 위해 수수대. 싸리. 대나무 등을 매끈하고 짧게 깎아 사용하던 대이다.

주판이 사용되면서 점점 사라졌으며 우리나라에서는 조선시대 말기까지 계속해서 사용되어 왔다고 합니다.

지방에 따라 '산가비', '산대', '수가지', '수대' 등이라고도 부른다.

산가지의 '산'은 산수 할 때 쓰는 셈 산(算)으로 '세다'라는 뜻이다.

가지는 '나뭇가지'에서 왔다.

출처: 네이버 지식백과

*준비물: 산가지로 활용할 나뭇가지 또는 나무젓가락

놀이방법

산가지쌓기

1. 산가지 여러 개를 펼쳐놓는다.
2. 얼굴근육을 움직이며 얼굴 가위바위보를 해서 선을 정한다.
   (놀이 인원은 4~8명 정도가 적당하다.)
3. 1등부터 자신의 산가지를 가지고 다른 산가지를 메어 낸다.
   가지를 쌓아놓고 1등부터 다른 산가지를 건드리지 않으면서 가져갈 수 있는 만큼 하나씩 나뭇가지를 가져갈 수 있다.
4. 건드리지 않고 떼어 내면 계속해서 할 수 있다.
5. 산가지가 모두 없어질 때까지 하고, 가장 많이 가져간 사람이 1등이 된다.

6. 놀이 진행 시 너무 다닥다닥 나뭇가지가 붙어있다면 1등부터 산가지를 전체를 집어 바닥에 팽개치고 난 후 처음부터 놀이를 다시 시작한다.
7. 다음 순서의 아이들도 1등이 한 것처럼 전체 산가지를 모아 바닥에 놓고 산가지를 떼어 갈 수 있다.

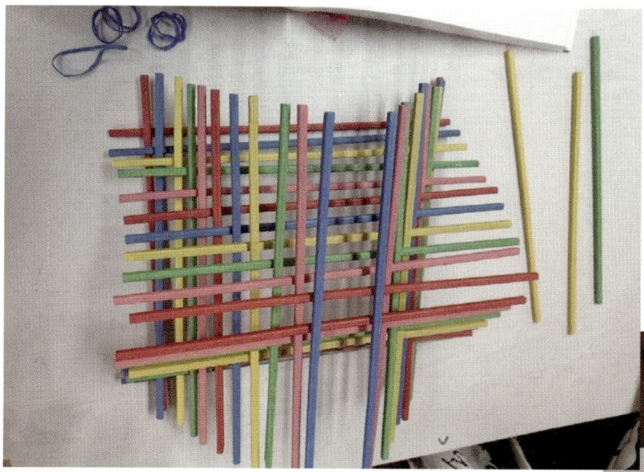

산가지 쌓기

산가지 모양 만들기

유의사항

1. 너무 힘껏 내려놓으면 산가지가 부러지거나, 날아가 다른 사람이 맞을 수 있으니 주의한다.
2. 너무 승부에 집착하지 않도록 한다.

산가지놀이의 종류

1. 산가지 이름쓰기(산가지로 나, 친구, 가족 등의 이름 써보기)
2. 산가지 숫자놀이(나란히 산가지를 10개를 놓고 더하기 빼기를 한다.)
3. 주사위 산가지놀이(주사위를 던져서 숫자만큼 산가지를 쌓는다.)
4. 산가지 도형만들기(산가지로 세모, 네모 등 도형을 만들어 본다.)

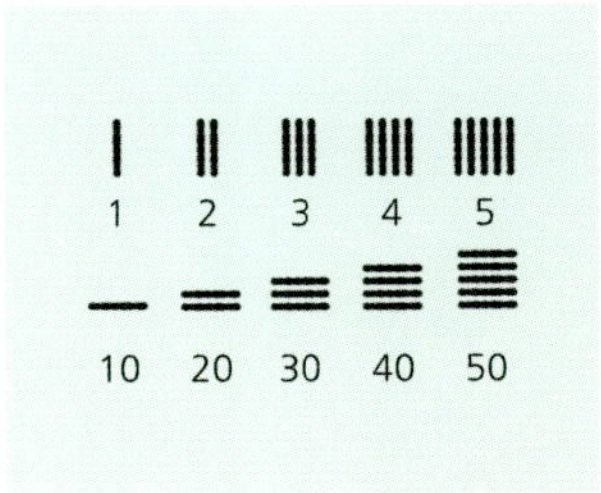

산가지 떼어내기

1. 2명이 할 수도 있고, 여럿이서 할 수도 있다.
2. 산가지 여러 개를 펼쳐놓는다.
3. 가위바위보로 순서를 정한다.
4. 산가지를 떼어내려고 할 때 다른 산가지가 움직이면 다음 사람에게 기회가 넘어간다.
5. 건드리지 않고 떼어내면 계속할 수 있다.
6. 많이 가져가는 사람이 이긴다.

24. 수건돌리기

놀이유래

둥근원의 모양으로 모여앉아서, 술래가 수건을 들고 한 바퀴 돌면서 앉은 사람 뒤에 몰래 놓고 가면 수건이 놓인 장본인이 술래가 되는 놀이이다.

예전에는 지방에 따라 '수건찾기'라고도 했다. 한가위와 같은 달 밝은 명절에 풀밭이나 뒷동산같이 여럿이 둘러앉을 수 있는 곳이면 어디서나 즐길 수 있는 놀이이며, 현재에는 아이들의 소풍에서도 많이 하는 놀이로 알려져 있다.

놀이방법

1. 어린이들이 가위바위보를 하여 술래를 정하고 둥글게 둘러앉는다.
   술래는 보통 한 사람이지만 어린이의 수가 많거나 또는 놀이 자체의 긴박감을 더하기 위하여 둘을 뽑기도 한다.
   술래는 수건을 손에 쥐고 아이들이 둘러앉은 원 밖으로 빠르게 빙빙 돌다가 한 어린이의 등 뒤에 살짝 놓고 달아난다.
   술래는 아이들이 눈치채지 못하도록 재빠르면서도 천연스럽게 해야 하며 어린이들은 술래가 지나간 뒤에 혹시 자기에게 놓지는 않았는지 확인하게 된다. 만약 자기 뒤에 수건이 떨어져 있으면 재빨리 집어 들고 술래를 뒤따라가서 잡아야 하며 만일 때가 늦어서 술래가 제 자리에 앉고 말면 술래의 역할을 맡아야 한다.
   또 자기 뒤에 수건이 떨어졌음에도 이를 눈치채지 못하고 그대로 앉아 있으면 술래가 한 바퀴 돌고 와서 등을 가볍게 때린다. 이렇게 되면 이 어린이가 술래가 된다.
2. 어린이들은 모두 무릎을 세우고 둥글게 앉으며, 술래는 원 가운데에 나와 선다. 어린이들은 무릎 안쪽으로 술래가 눈치채지 못하도록 손을 움직여서 수건을 돌린다.
   술래는 제 자리에 선 채로 눈치를 살피다가 수건을 가지고 있으리라고 생각되는 어린이의 이름을 부른다. 만약 술래가 수건 가진 어린이를 바로 맞혔으면 술래의 차례가 바뀌지만 그렇지 않을 때에는 정확하게 찾아낼 때까지 계속하여야 한다.

경우에 따라서는 술래의 구실을 봐주지 않고 잡힌 어린이가 가운데에 나와서 아이들의 요구에 따라 노래를 부르거나 춤을 추는 등의 벌을 받는다.

3. 술래를 가운데에 세워 놓은 채 다른 어린이들은 둥글게 둘러앉아 수건을 등 뒤로 돌린다. 술래는 눈치를 살피다가 수건을 가진 어린이의 이름을 부른다. 바로 지적한 경우에는 그 어린이가 나와 벌을 받고 술래의 역할을 떠맡는다. 정확하게 사람을 지적하지 못하면 이 과정을 몇 번이고 계속한다.
4. 술래를 따로 정하지 않고 사회자가 이 놀이를 진행시키는 방법이다. 어린이들은 간단한 노래를 부르면서 박자에 맞추어 손놀림을 하는데, 이에 따라 수건을 사람에게 전하는 것이다.

   노래를 계속 시키던 사회자가 한순간에 이를 중지시키면 그때 수건을 가지고 있던 어린이에게 벌이 돌아간다. 그리하여 놀이를 다시 시작할 때에는 수건을 이 어린이로부터 다른 아이에게 돌려 처음과 같이 진행한다.

출처: [네이버 지식백과] 수건돌리기 (한국민족문화대백과, 한국학중앙연구원)

25. 신발멀리차기

준비물

출발선 표시용 마스킹 테이프, 신발

놀이방법

1. 팀을 나눠서 신발을 던지는 것을 연습한다.
2. 멀리 던지기는 최고 기록이 나오는 것을 승리로 하는 방법과 기록을 더해서 승리하는 것 중에 선택한다.
3. 개인별로 2번씩 연습하고 나서 도전한다.
4. 도전 역시 2번 해서 더 좋은 결과를 점수로 한다.

– 주의할 점 –

1. 주위에 장애물이나 깨지는 것이 없는 넓은 공간에서 한다.
2. 공간이 좁아 천장에 닿거나 벽에 부딪혀 나오면 흥미를 잃기 쉽다.

〈신발 과녁판 맞추기 게임〉

1. 두 팀을 나누어 신발을 바닥 현수막 과녁판에 2번씩 차례로 차서 높은 점수를 내는 게임이다.
2. 나온 점수를 10점부터 50점까지 있으며 가운데로 올수록 점수가 50점으로 제일 높다.
3. 두 팀이 다 모은 점수를 합산하여 계산하고 승패를 결정한다.

50
40
30
20
10

26. 실뜨기

놀이유래

실의 양끝을 매어서 양쪽 손가락에 얼기설기 엮어서 두 사람이 주고받으며 여러 가지 모양을 만드는 놀이이다. 추운 겨울 따뜻한 방안에서 형제자매나 가족이 많이 하던 놀이로 주의 집중력과 운동능력을 키울 수 있고 기억력향상에 도움이 된다(고려대 한국어대사전).

놀이효과

손은 제2의 뇌라는 말처럼 손가락 운동은 뇌신경을 자극하여 두뇌발달을 촉진한다. 따라서 실뜨기놀이는 두뇌발달뿐만 아니라 놀이 단계를 해결하면서 성취감까지 얻을 수 있어 교육적 효과가 뛰어나다. 노인들은 어려서 하고 놀았던 익숙한 놀이이기 때문에 동심으로 돌아갈 수 있다.

놀이방법

(1) 날틀 실뜨기놀이

혼자서 하는 실뜨기놀이로 실뜨기의 기본이 되는 놀이이며 '장구'라고도 한다. 순서는 아래와 같다.

① 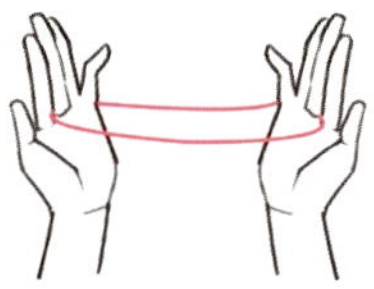	양손의 손가락 둘레에 실을 건다.
② 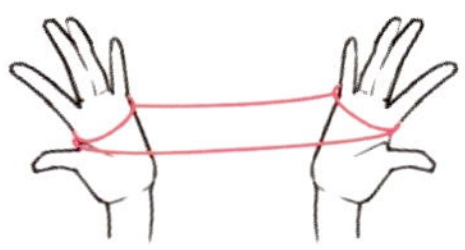	다시 한번 더 실을 감아 양손에 고리를 한 번 더 만든다.
③ 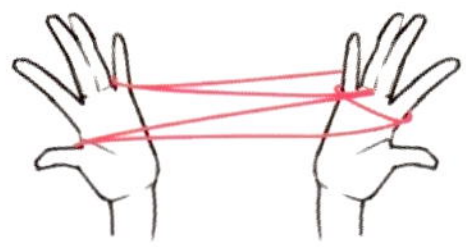	오른손 가운뎃손가락으로 왼 손바닥에 있는 실을 건다.

④ 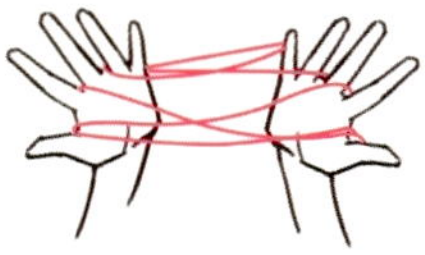	왼손도 같은 방법으로 당기면 '날틀'의 모양이 형성된다.

(2) 바둑판 실뜨기놀이(쟁반놀이)

(1)번 날틀 상태에서 하는 놀이다.

① 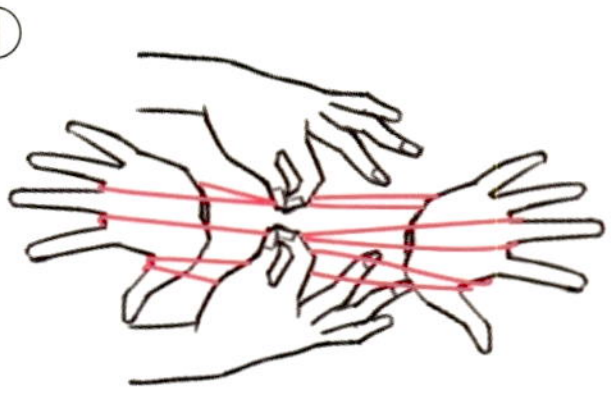	엄지손가락과 집게손가락으로 실이 교차하는 곳(X)을 잡는다.
② 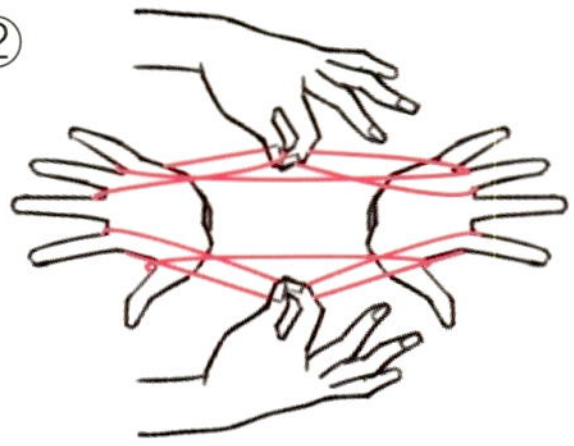	잡은 실을 밖으로 잡아당긴다.
③ 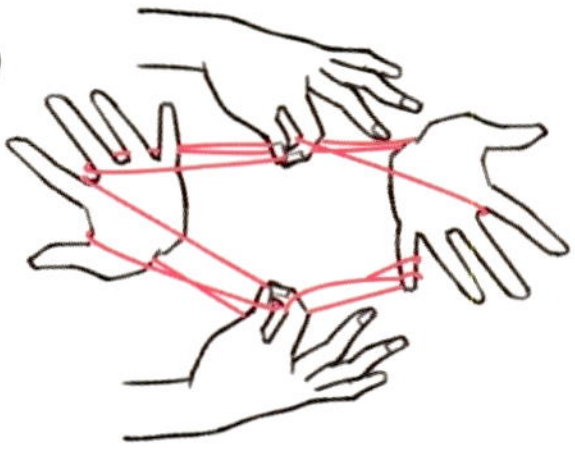	밑에서 위로 올려 뜬다.
④ 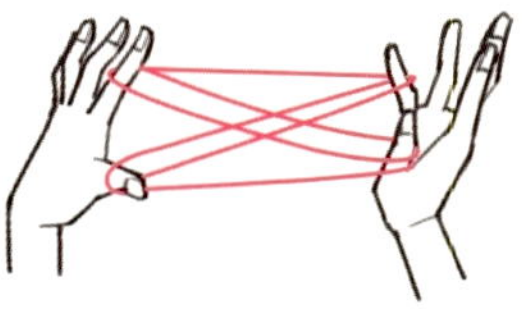	잡고 있던 실을 놓으면 바둑판 모양이 만들어진다.

* 실을 떠가는 중에 손가락을 잘못 걸거나 움직이면 실이 풀어지거나 엉켜 더 이상 놀이를 할 수 없게 되는데 이런 사람이 지는 것이다.

출처: [네이버 지식백과] 실뜨기. 문화콘텐츠닷컴 (문화원형백과 전통놀이).

(3) 젓가락 실뜨기놀이

(2)번 바둑판 실뜨기 상태에서 하는 놀이이다.

① 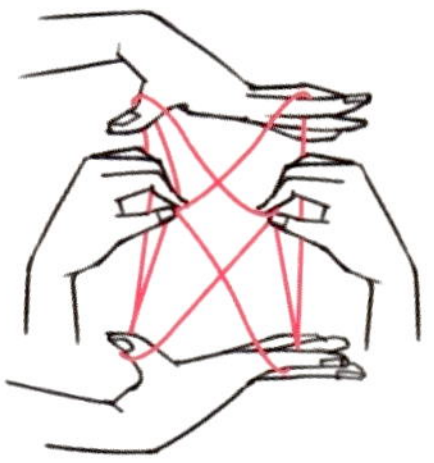	실이 교차한 곳에 엄지손가락과 집게손가락을 세워 잡은 채로 위로 올린다.
② 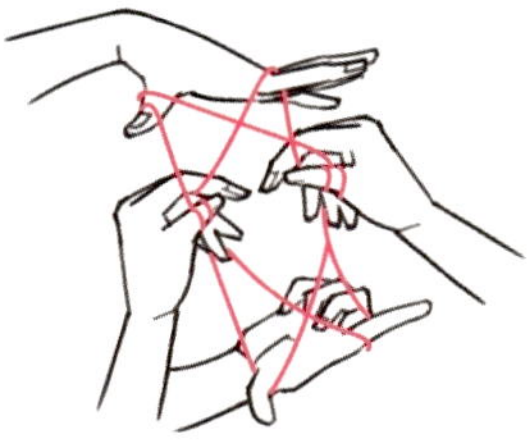	그다음 다시 밖으로 잡아당겨 양손을 바깥쪽에 있는 실의 아래로 빙 돌려 가운데 비어 있는 공간으로 뜬다.
③ 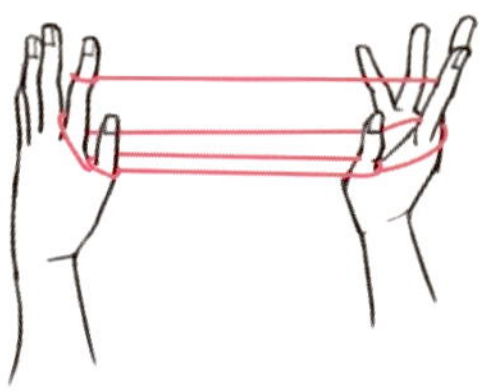	그런 다음 잡고 있던 실을 놓고 양손 엄지손가락과 집게손가락을 벌려 양쪽으로 잡아당기면 젓가락 모양이 된다.

27. 쌀보리놀이

놀이방법

1. 마주 앉아 가위바위보를 한다.
2. 아래와 같은 노래와 동작을 한다.
   - 감자에 (주먹) → 싹이 나서(검지와 중지만 편다)→ 잎이 나서(보자기) → 주먹 가위 보자기 유리 항아~리(손을 자기 앞으로 돌리면서 '유리항아'까지 한 후 '보리'에서 각자 주먹이나 가위, 보자기 중 하나를 낸다.)
3. 이때 노래에 따른 동작이 틀리거나 마지막 가위바위보에서 지면 술래가 된다.
4. 술래는 두 손을 모아 야구 글러브처럼 만든다.
5. 이긴 사람은 술래의 손안에 자기 주먹을 넣으면서 '쌀'이나 '보리'를 외친다. 이때 술래는 '쌀'의 경우 손을 잡아야 이기고 '보리'의 경우 손을 잡아도 소용이 없다.
6. 이긴 사람은 '쌀' 할 때는 손을 재빠르게 넣다 빼고, '보리'할 때는 천천히 넣는다.
7. '쌀'이라고 할 때 들어온 손을 술래가 잡으면 놀이가 끝나고 다시 처음부터 한다.

28. 씨름

씨름은 두 사람이 맞잡고 힘과 기술을 부려 상대를 먼저 땅에 넘어뜨리는 것으로 승부를 결정하는 경기이다. 경기 방식에 따라 선씨름, 띠씨름, 바씨름, 왼씨름, 오른씨름이 있다. 선씨름은 서서 하는 씨름이며, 띠씨름은 허리에 두른 띠를 두 손으로 잡고 하는 씨름이고, 바씨름은 오른팔과 다리에 샅바를 감고 겨루는 씨름이다. 왼씨름은 샅바를 오른쪽 넓적다리에 매고 상대방이 이를 왼손으로 잡고 겨루는 씨름이고, 오른씨름은 왼다리에 맨 샅바를 상대가 오른손으로 잡고 겨루는 씨름이다. 씨름의 주체에 따라 구분하면 애기씨름, 중씨름, 상씨름이 있는데, 애기씨름은 어린이들의 씨름이고, 중씨름은 젊은이들의 씨름이며, 상씨름은 어른들의 씨름이다. 씨름은 주로 남자들끼리 벌이는 경기지만, 여자들끼리 벌이는 경우도 있다.

씨름의 어원은 '서로 버티어 겨루다'의 뜻을 가진 경상도 방언 '씨루다'가 명사화하여 '씨름'이 되었다는 견해가 있다. 씨름 경기는 일상적으로 벌이기도 하고, 명절에 벌이기도 한다. 명절 중에서는 5월 단오, 7월 백중, 8월 추석에 씨름 경기를 벌인다.
두 사람이 서로 맞붙어서 무릎을 꿇고 각기 오른손으로 상대방의 허리를 쥐고 왼손은 상대의 오른편 넓적다리를 잡은 다음 두 사람이 함께 일어나서 상대를 넘어뜨린다. 『동국세시기』에 묘사되어 있는 이러한 씨름은 왼씨름이다. '대쾌도'에 그려진 씨름은 오른씨름이다. 샅바를 매고 하는 왼씨름과 오른씨름은 19세기 이전에 생겼음을 알 수 있다 (20세기에 들어서는 1972년 대한씨름협회에서 왼씨름으로 통일하였다.).

우리나라의 씨름은 사람과 사람이 직접 부딪치되, 매우 강렬하게 부딪치는 경기이자 놀이이다. 씨름에서는 도구를 사용하지도 않고 유니폼을 입지 않는다. 시작할 때부터 끝날 때까지 맨살로 직접 부딪친다. 씨름은 또한 누구나 할 수 있고, 또 누구하고도 할 수 있다. 고려 때 임금이 아래 사람들과 씨름을 하여 물의를 일으킨 사건은 씨름의 개방성을 역설적으로 표현한 것이다. 사람과 사람이 모든 굴레를 벗어 버리고 너와 나 사이의 격의를 없애 버리는 것, 맨살로 건강한 생명력을 내뿜으면서 너와 나가 하나 되는 것, 이것이 씨름이다.

팔씨름

서로 오른팔이나 왼팔로 상대의 손이나 팔을 바닥에 닿게 하는 씨름이다.

주로 실내에서 책상을 이용하여 팔 힘을 겨루는 씨름으로 남녀 모두 즐길 수 있다.

세계적으로 널리 분포되어 있는 씨름이다.

놀이방법

1. 손이나 손목을 잡고, 다른 한 손은 팔꿈치를 고정한다.
2. 서로 손을 밀어 상대방 손등이 먼저 바닥에 닿게 하면 이긴다.

돼지씨름

돼지씨름 일반 씨름이나 팔씨름처럼 몸이나 팔을 잡고 하지 않는다.

쪼그리고 앉은 상태에서 상대방을 엉덩이로 밀어 넘어뜨리는 놀이이다.

경기하는 모습이 돼지가 움직이는 것 같다고 해서 돼지씨름이라 한다.

놀이방법

1. 둥그런 원안에 두 명이 들어간다.
2. 엉덩이로만 밀면서 상대를 넘어뜨린다.

아이가 밀었을 때 과장된 몸짓으로 넘어지면 아이는 놀이에 더욱 흥미를 갖게 된다.

– 주의할 점 –

팔은 절대 사용하지 않는다.

엉덩이를 들거나 두발을 따로 움직이면 안 된다.

손바닥씨름

두 사람이 마주 서서 손바닥을 마주 댄다.

준비가 되면 서로 힘을 주어 손바닥을 부딪친 채 상대방을 밀쳐 낸다.

땅에서 발이 떨어지는 사람이 지는 것이다.

놀이방법

1. 두 사람이 어깨너비로 다리를 벌리고 마주 선다.
2. 발바닥은 고정한 채 상대방의 손바닥을 밀거나, 상대방의 손바닥을 피하여 균형을 잃게 하여 넘어지게 한다.
3. 발바닥이 떨어지면 지게 되고, 상대방의 몸을 밀치거나 잡아당겨도 지게 된다.

손씨름

놀이 방법

1. 두 사람이 한쪽 발을 맞대고 옆으로 서서 손을 잡는다.
2. 신호와 함께 손을 잡아 밀거나 당겨서 상대방의 중심을 잃게 하면 이긴다.

줄씨름

줄넘기 줄을 가지고 서로 당기거나 줄을 풀면서 상대를 넘어뜨리는 씨름이다.

놀이방법

1. 두 사람이 어깨 너비로 다리를 벌리고 마주 보고 선다.
2. 하나의 줄의 양 끝을 각자의 오른쪽 허리부터 감아서 왼손으로 잡는다.
3. 신호와 함께 줄을 잡아당기거나 느슨하게 놓아서 상대방의 중심을 잃게 하면 이긴다.

손가락씨름

놀이방법

1. 가운뎃손가락 둘째 마디를 서로 마주 대고 밀어 승부를 겨룬다.
2. 상대방 손등이 먼저 바닥에 닿게 하면 이긴다.

눈씨름

놀이방법

1. 서로 마주 보고 서서 누가 더 오래 눈을 뜨고 있는지를 겨룬다.

2. 눈을 깜박거리는 사람이 진다.

단오날 마을 남자들이 씨름을 합니다.

그림에 색을 칠해보세요.

29. 여우놀이

놀이방법

1. 술래 한 명을 정한다.
2. 출발선과 작은 동그라미를 그린다.
3. 여우가 된 술래는 작은 동그라미 안에 뒤돌아 앉는다.
4. 여우가 아닌 사람은 술래로부터 2m쯤 떨어진 출발선에서 노래를 부르며 여우에게 한 발 한발 다가간다.
5. 노래 끝에서 여우의 결정에 따라 나머지 사람이 움직인다.
6. '살았다'라고 할 경우: 재빨리 출발선으로 뛰어간다.
   출발선까지 오지 못하고 술래에게 치이면 그 사람이 술래가 된다.
7. '죽었다'라고 할 경우: 움직이지 않고 멈춰 있어야 한다.
8. 술래가 한 사람도 못 치면 다시 술래가 된다.
9. 술래에게 잡힌 사람이 있으면 그 사람이 술래가 된다.
10. 술래가 다시 여우가 되어 놀이를 시작한다.

여우놀이 노래

(아이들) 여우야 여우야 뭐하니 (술래) 잠잔다 (아이들) 잠꾸러기

(아이들) 여우야 여우야 뭐하니 (술래) 잠잔다 (아이들) 잠꾸러기

(아이들) 여우야 여우야 뭐하니 (술래) 세수한다 (아이들) 멋쟁이

(아이들) 여우야 여우야 뭐하니 (술래) 밥먹는다 (아이들) 무슨 반찬

(술래) 개구리반찬(아이들)죽었니↗ 살았니↘

(술래) 죽었다!!!!!!!!! (또는) 살았다!!!!!!!!!!!

놀이효과

1. 놀이 규칙을 지킴으로 질서와 배려 존중을 배운다.
2. 눈과 손을 협응하고 민첩하게 움직일 수 있다.
3. 다른 사람과 함께 함으로써 사회적 상호능력을 기를 수 있다.
4. 놀이장소는 실내, 실외 구애받지 않는다.

29. 연날리기

놀이유래

연날리기는 종이에 가는 대나무로 만든 살을 붙여서 만든 연을 바람을 이용해 하늘에 띄우고 노는 놀이이다. 연에 관한 기록은 『삼국사기(三國史記)』 권41 「열전(列傳)」 김유신조에 나타난 것이 가장 오래된 것이다. 647년(진덕여왕 1)에 대신 비담과 염종이 반란을 일으켜 군사가 서로 대치하고 있을 때 성 안에 별똥이 떨어져 군사들의 사기가 떨어지자, 김유신이 '인형을 만들어 불을 붙이고, 이를 연에 실어 띄우니 마치 별이 하늘로 올라가는 것과 같았다.'라고 하였다. 별을 다시 올려 아군의 사기를 진작시키고 적군을 혼란에 빠지게 한 셈이다. 『동국세시기(東國歲時記)』 고려 말기에도 최영 장군의 연이야기와 조선시대의 실학자인 이수광은 『지봉유설(芝峯類說)』에서 '양무제가 대성(臺城)에서 포위되었을 때, 종이로 연을 만들어 조서를 묶어 구원병을 청했다.'라는 인용 기록을 통해 중국의 연도 전쟁과 관련 있음을 말하고 있다.

연은 처음에는 군사적 목적으로 이용되다가, 이후에는 군사적 목적에 머무르지 않고 점점 유희로 발전하여 오늘에 이른 것으로 보인다.

연의 종류는 각 지방별로 다양한 연이 있다. 그중 가장 많이 보급된 연은 장방형의 방패연, 마름모형의 가오리연이다. 방패연은 그 표면에 그림을 그린 것, 색종이를 붙인 것, 색칠을 한 것, 꼬리와 발을 단 것 등 다양하다. 방패연은 장식과 색깔, 덧단 부분에 따라 꼭지연 · 동이연 · 치마연 · 반달연 · 초연 · 박이연 · 발연 · 나비연 등이 있다. 가오리연은 낙지연, 가재미연, 꼬리연 등으로 불린다. 지방 특색별 바람이 센 바닷가와 평야 지대에서는 연을 크게 만들고 바람이 적은 산간과 내륙 지방은 작다.

추수가 끝난 들판에서 연을 날리고 있습니다.

그림에 색을 칠해보세요.

30. 윷놀이

새해에 정월 초하루부터 대보름까지 남녀노소가 어울려 즐기던 놀이이다. 윷과 윷판, 윷말이란 놀이도구만 있으면 어디서든 놀 수 있어 많은 사람들이 지금도 즐기는 놀이이다. 윷놀이는 재미도 있지만 농경사해에서 풍년을 기원하는 소망도 담겨 있다. 윷판은 농토이고 윷말은 윷을 던져서 나오는 윷패에 따라 움직이므로 계절의 변화를 상징하는 것으로 여기고 풍년을 기원하는 것으로 여겼다.

놀이유래

윷놀이는 부여의 관직명인 저가, 구가, 우가, 마가의 이름을 본떠서 만든 놀이로, 부여 때부터 전해오는 놀이라는 가설이 가장 유력하긴 한데 아직 정확한 유래는 알 수 없다고 한다.
규칙을 지키며 여럿이 하는 집단놀이기 때문에 지적, 정서적 발달 및 사회성 향상과 같은 배려 교육에 유익하다.
말의 움직임을 계산하는 과정에서 수에 대한 구체적인 이해가 생기며 배려하고 협력하는 과정에서 공동체 의식이 함양된다.
요즈음은 주민들의 화합과 신년의 행운을 비는 척사대회가 매해 정월대보름에 마을 단위로 개최되고 있다.

놀이방법

1. 편을 가른다, 편은 그때그때의 상황에 맞게 조율하며 정하면 된다.
2. 편을 가르고 윷을 던져 선후를 정한다.
3. 선후가 정해지면 상대편과 교대로 윷을 던져 나오는 윷 패에 따라 먼저 4동이 먼저 나오는 편이 이긴다.
4. 윷을 던져 나오는 패에 따라 출발에서 시계 반대방행으로 윷말을 놓는데 뒤에 말이 앞서간 우리말에 합치기도 하고 상대 말을 잡기도 하는 변수와 우연이 많아 놀이가 흥미롭고 재미있다.

   윷패에는 도, 개, 걸, 윷, 모가 있다.

온가족이 윷놀이를 하고 있습니다.

그림에 색을 칠해보세요.

32. 자기소개하기 노래

과거 놀이감이 없던 시절 친구들과 둥글게 모여 앉아서 불렀던 노래이다.

대부분 5~6명 정도 앉아서 했던 놀이이다.

벌칙: 인디언밥, 엉덩이로 이름쓰기, 벌칙은 간단한 것으로 하는 것이 좋다.

1. 친구들과 둥글게 마주 앉는다.
2. 아이엠 그라운드 자기소개 하기
3. 동작은 다음과 같다.
4. 아이: 양 무릎을 친다.
5. 엠: 나의 손뼉을 마주 친다.
6. 그라: 오른손 엄지손가락 앞으로 세우며
7. 운드: 왼손 엄지손가락 앞으로 세우며
8. 나 : 양 무릎 치고
9. 는: 손뼉 치고
10. 홍길동: 오른손 엄지 왼손 엄지

33. 자치기

새끼막대를 어미막대로 쳐서 날아간 거리를 어미막대로 재는데, 막대를 자(尺)로 삼아서 거리를 계산하기 때문에 '자치기'라는 이름이 붙었다고 한다.

준비물

1. 어미자(45×5㎝), 새끼자(15×0㎝)
2. 땅바닥에 원을 긋거나 구멍을 파놓는다.
3. 땅바닥에 깊이 3㎝, 길이 10×5㎝의 구멍을 판다.
4. 두 팀으로 갈라서 공격과 수비를 정한다.
5. 수비팀은 전원 외곽에 나가서고 야구의 수비와 같음, 공격팀은 차례대로 다음과 같이 공격을 한다.

놀이방법

제1단계

새끼자를 홈 위에 걸쳐놓고 어미자로 그것을 떠서 던진다. 이때 수비 측이 새끼자를 손으로 받으면 공격한 사람이 실격되며 수비 측이 정해진 점수를 얻는다) 받지 못했을 경우에는 수비 측의 누군가가 새끼자를 던져서 구멍위에 걸쳐놓은 어미자를 맞히면 공격수는 아웃된다. 제 단계를 통과한 사람은 곧바로 2단계로 들어간다.

제2단계

새끼자를 한 손으로 가볍게 던져 올리고 어미자로 멀리 쳐 보낸다. 이때도 수비측이 새끼자를 받으면 수비 측이 점수를 얻고 공격수는 아웃이 되지만 못 받았을 경우에는 집 쪽으로 새끼자를 던져준다. 공격수는 날아오는 새끼자를 멀리 쳐 보낸다. 만일 헛치거나 새끼자가 집에서 한자 이내에 떨어지면 아웃된다. 되때린 새끼자를 수비 측이 받아도 아웃된다. 만약 받지 못 하면 새끼자와 집과의 거리를 자로 재어서 공격 측이 얻는다.

거리를 목측으로 재서 얼마를 부르면 공격수 부른 거리가 적합하면 통과 시키고 좀 많다고 생각되면 실측을 하도록 해서 어림산 목측이 넘게 되면 실격이 된다. 어떤 경우에도 새끼자가 뒤로 나가거나 헛치면 실격이 된다.

제3단계

집에서 새끼자를 비스듬히 걸쳐놓고 끝을 어미자로 톡쳐서 튀어오른 것을 힘껏 때려서 멀리 보낸다. 이때도 수비 측이 받으면 공격수는 아웃이 되지만 받지 못하면 새끼자와 집까지 거리를 공격 측이 따게 된다.

34. 장치기

장치기는 긴 나무 막대 형태의 채를 이용해 나무 공을 쳐서 상대의 구문에 넣거나 결승선을 통과하여 승부를 겨루는 남성의 집단적 승부놀이이다.

장치기는 주로 조선 후기에 초동을 중심으로 겨울철에 널리 전승되던 놀이 형태이며, 명칭은 지역에 따라 장치기 · 짱치기 · 공치기 · 공놀이 · 얼레공놀이 등으로 다양하다. 조선 초기에 궁중에서 왕과 왕실, 신하들을 중심으로 이루어진 타구는 '와아(窩兒)'라는 구멍에 넣는 구멍 투입형으로 미니 골프의 초기 형태이다. 이것은 상류층의 사교적 유흥 문화의 성격을 지닌다.

장치기는 마상 격구가 지상화된 것으로, 지상에서 긴 나무 막대를 이용해 나무 공을 쳐서 상대의 구문에 넣거나 결승선을 통과시키는 남성 중심의 승부놀이이다. 놀이 방법으로 보아서는 필드하키와 유사하다.

놀이 공간은 일정하지 않고 언덕 · 산기슭 · 냇가 · 잔디밭 · 논바닥 · 얼음판 등으로 다양하다. 대체로 산악 지대에서는 고개 · 산기슭 · 냇가이며, 평지에서는 잔디밭이나 민간의 장치기는 20세기 중반인 광복 전후와 6 · 25전쟁 직후에 대부분 소멸한다. 광복 이후의 혼란, 전쟁에 의한 놀이 기반의 약화, 급격한 도시화에 의한 농촌 남자아이들의 감소, 전후 땔감 채취 방식의 변화 등에 따라 장치기는 급격히 사라진다. 그러다가 전국민속예술경연대회에서 일부 재현되기도 했으나, 현재 현장에서는 전승이 소멸하였다.

장치기 놀이의 놀이판의 크기는 중앙에서 35m(50보) 또는 20～25m 정도이며, 그 양쪽에 골문에 해당하는 구문을 세운다. 구문의 간격은 일정치 않으나, 대략 1～2m 간격으로 말뚝을 세우거나 작은 돌을 갖다 놓는다.

놀이도구

이 도구는 크게 채와 공으로 나뉘게 되는데 아래와 같다.

채	공
채는 긴 나무에 끝이 구부러져서 공을 칠 수 있는 형태 약 1~1.5m 정도	보통 소나무의 관솔이 박힌 부분을 사용한다. 크기는 어른 주먹 정도이다.
지역별 명칭	
장채, 짱매, 공채, 짝지, 공채, 장치기대, 공치는 채, 얼레공채 등 지게 작대기로도 사용하기도 함	얼레공, 짱공, 장치기공

놀이방법

1. 아랫짱, 구멍공: 중앙에 구멍을 파고 공을 넣고 이 공을 동시에 치는 놀이

   (구멍 직경 20㎝ 정도)

2. 땅장, 따굴: 양쪽 대표가 중앙에 채를 들고 마주서서 땅에 있는 공을 서로 치는 방식
3. 웃짱(땡공, 딴장, 천장장): 위로 던진 공이 떨어지는 것을 서로 치는 놀이.
4. 소래기, 물네장, 돌장: 몸을 한 바퀴 돌려 치는 놀이
5. 오금장: 다리오금 사이로 던져 치는 놀이
6. 굴러공: 공을 굴리는 놀이

* 놀이의 승부: 공을 채로 쳐서 상대의 골문에 넣으면 1점,
5점이나 10점 내기를 정한다. 시간을 정하는 것도 좋다.
상대방의 일정한 선을 넘어가면 득점하는 방법

출처: 민속대백과사전

넓은 들판에서 장치기를 하고 있습니다.

그림에 색을 칠해보세요.

35. 제기차기

제기차기는 어느 곳이나 어느 때나 찰 수 있어 누구나 즐겨하던 놀이로 요즘도 많은 사람들이 즐기고 있다.

놀이유래

제기차기는 옛날 축국이란 공차기에서 유래되었다고 한다. 공을 차던 축국을 조선초기에는 '뎌기'라고 했다가 18세기 이후 '져기'를 거쳐 '제기'로 바뀌었다고 한다. 실제 고구려, 백제, 신라의 기록에 축국은 왕실에서 민간까지 놀이문화로 성행했던 놀이라고 한다.
조선시대에 들어와 이항복이 어린 시절 씨름과 축국을 좋아했다는 기록이 남아 있다고 한다.

놀이방법

제기를 차는 방법에는 여러 종류가 있다. 혼자차기와 여러 사람이 차기도 있고, 발들고차기, 양발차기, 외발차기, 뒷발차기 등이 있다.

인원수에 따른 놀이방법

1. 종드리기: 진 사람이 이긴 사람에게 제기를 던져주면 이긴 사람은 진 사람이 잡지 못하게 멀리 찬다. 진 사람이 잡지 못하면 몇 번이고 계속 찬다.
2. 동네차기: 5명이 한조가 되어 서로 번갈아 제기를 차는 놀이
3. 제기배구: 팀으로 나누어 배구경기처럼 즐기는 놀이

그 외 손바닥 제기차기, 짝꿍과 제기차기, 실 제기차기, 보자기 제기차기 등이 있다.

놀이효과

1. 눈과 발의 협응성, 순발력을 발달시켜준다.
2. 몸의 중심을 잡아야 하므로 몸의 균형감각과 집중력을 높일 수 있다.

3. 지구력과 하체 근육강화, 발의 유연성에 효과가 있다.

4. 여러 번 반복으로 제기를 차야 하므로 지구력과 인내력을 길러준다.

5. 단체가 할 수 있는 놀이로서 협동성과 단결심을 길러준다.

제기차기 놀이종류

기본차기 땅강아지	서서 한발은 땅에 딛고 다른 발 안쪽으로 제기를 위로 차고 내려올 때 발이 땅바닥에 닫게 한 다음 다시 제기를 차올린다.	
헐랭이차기 발들고차기	1번과 같은 방법으로 차는데, 다른 점은 발을 땅에 닿지 않게 차올린다.	
양발차기	양발을 서로 교차로 번갈아 가며 제기를 차올린다.	
귀 위에까지 차기 키지기	자기 키를 넘게 차올린다.	

물지기	한번 차서 제기를 입에 물었다가 다시 차고, 다시 차고 입에 물기를 반복한다.	
언지기	제기를 차서 머리 위에 얹었다가 떨어뜨려 다시 차올린다.	
등에 얹기	차올린 제기를 등에 얹었다가 잠시 쉬기도 한다.	
거리제기 멀리차기	제기를 멀리 찬 후 달려가서 받아서 찬다.	
뒤축 차기	발뒤축으로 제기를 차올린다.	

개인제기차기방법

'맨제기'(한 발을 땅에 고정시키고 다른 발 안쪽 옆면으로 제기를 차올리는 가장 흔한 방법), **'개칙구'**(맨제기와 같은 방식이지만 제기를 차는 발이 땅에 닫지 않게 하는 방법), **'쌍발제기'**(두 발을 번갈아 가며 차는 방법)가 있다.

아이와 어른이 제기차기를 하고 있습니다.

그림에 색을 칠해보세요.

36. 죽방울놀이

놀이유래

죽방울(竹+솔방울)놀이는 신라시대부터 전해져온 전통놀이이다. 그러나 현대에 와서 전통의 죽방울은 그 놀이방법이 곡예에 가까워 거의 사라지고, 대신 일제 강점기 전후로 '켄다마'와 유사한 형태의 죽방울이 시골을 중심으로 유행하여 현재에 와서는 '종이컵과 솔방울 등'을 활용한 죽방울이 수업에 활용되고 있다

준비물

나무젓가락, 종이컵, 실, 테이프, 솔방울,

종이컵 밑바닥을 나무젓가락 $\frac{2}{3}$부분에 테이프로 고정한다.

손으로 잡는 곳을 더 남긴다.

앞면 나무젓가락에 실을 묶고 솔방울을 매단다.

놀이방법

1. 모둠을 나누고 한 줄로 서서 죽방울을 잡는다.
2. 정해진 횟수만큼 컵 안에 방울을 넣으면 다음 사람에게 죽방울을 건넨다.
3. 마지막 사람까지 많이(빨리) 넣는 팀이 이긴다.

죽방울 만들기

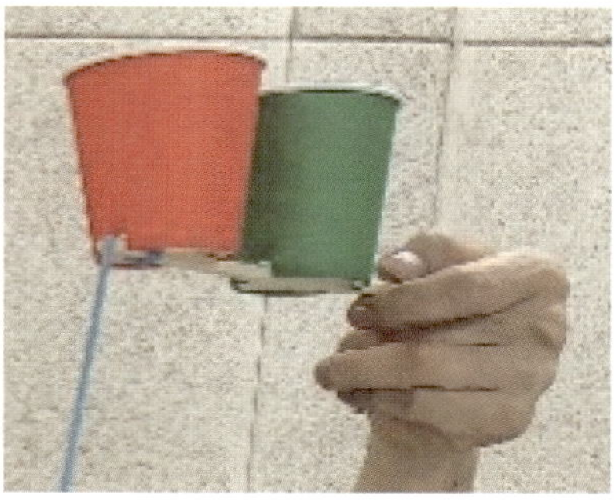

37. 채소 도장 놀이

인스턴트 음식 섭취로 야채를 싫어하는 아이들을 위해 놀이를 통한 야채의 친근성과 야채 속 섬유질 섭취와 건강한 밥상에 대한 이해를 위한 놀이이다.

모양 구상하기

1. 조각할 재료인 고구마, 무, 감자, 수박 껍질, 호박 꼭지 등의 한 면을 편편하게 잘라낸다.
2. 자른 면에 밑그림을 그려서 찍어낼 부분만 남겨두고 조각칼로 조심스럽게 파낸다.
3. 유리판이나 두꺼운 종이 위에 헝겊을 놓는다.
4. 물감으로 원하는 색을 만든 다음, 물감이 마르기 전에 도장의 튀어나온 부분에 묻혀서 찍는다.
5. 모양을 팔 때 좌우가 반대로 찍히므로 거꾸로 파야 하며, 잘못 팠을 때는 다시 편편하게 잘라내고 파면된다.
6. 아이에게 자연의 색을 알려주고 싶다면 물감 대신 진한 꽃잎의 즙을 사용해도 좋다.

38. 칠교놀이

놀이유래

고대 중국으로부터 전래한 것으로 보이는 도형판은 직각 이등변삼각형 5개, 정사각형 1개, 평행사변형 1개의 조각들로 구성되어 있는 퍼즐놀이다. 도형판은 7개의 조각들을 이용하여 사랑이나 동물, 여러 가지 사물의 모양이나 기하도형을 맞추는 재미있는 놀이이다. 도형판이 어떻게 전래하였는지 확실히 알 수 없으나 맨 처음 중국에서 전해져 온 놀이라고 한다.

이 놀이를 할 때, 탱탱 소리가 나서 '탱그램(Tanggram)'이라고 소개되었다고 하는 이가 많다.

이것을 일본과 우리나라에서는 '칠교놀이'라고 하여 전해 내려오고 있다.

'칠교(七巧)'란 7개의 나뭇조각을 가지고 교묘한 형태를 만든다는 뜻이다.

손님이 찾아와서 음식을 준비하는 동안이나 사람을 기다리고 있는 시간에 권했던 오락의 하나로 손님을 머물게 한다는 의미로 '유객판'이라고도 불렀다.

놀이효과

1. 도형을 통해 넓이와 배수의 개념을 알게 된다.
2. 다양한 모양을 덮어봄으로써 공간에 대한 추리력이 향상된다.

준비물

색종이, 또는 칠교판

놀이방법

1. 칠교 모양을 만들어 본다. 두꺼운 종이나 색종이를 잘라 만들 수 있다.
   일곱 조각의 도형은 삼각형 큰 것 2개, 중간 것 1개, 작은 것 2개, 평행사변형 1개, 정사각형 1개이다.

2. 모양들에 따라 어느 것의 두 배, 또는 네 배가 되는 것도 있는데 그 넓이의 크기는 아래 그림과 같다.
3. 7개의 조각을 모두 사용해서 하나의 형태를 완성한다.
4. 다양한 모양을 덮어 만들 수 있다.

노형판 몇 개 조각으로 직각삼각형 만들기

유의사항

쉬운 도형 덮기부터 해야 창의적 도형까지 즐겁게 해낼 수 있다.

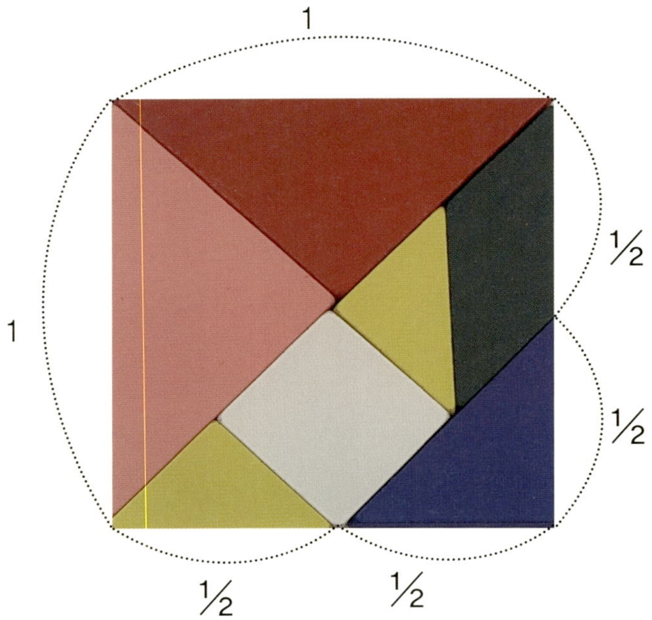

	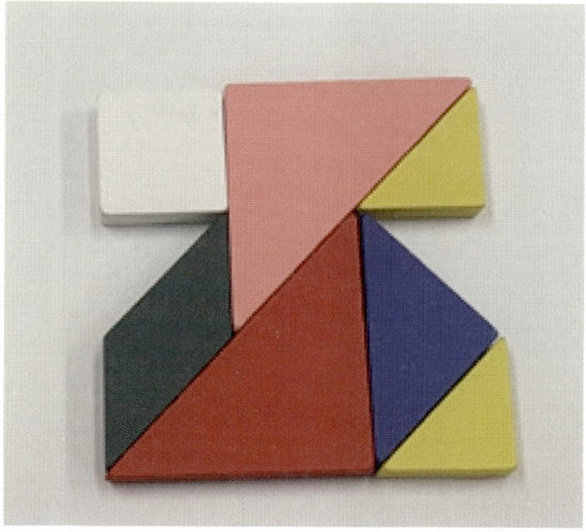
돛단배	전화기
	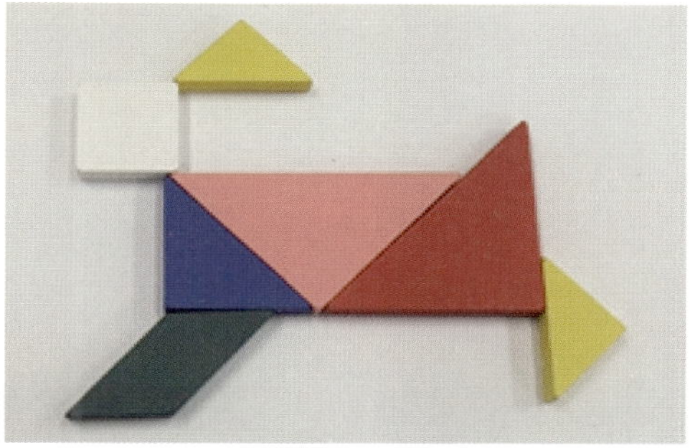
집	강아지

나비	여우

	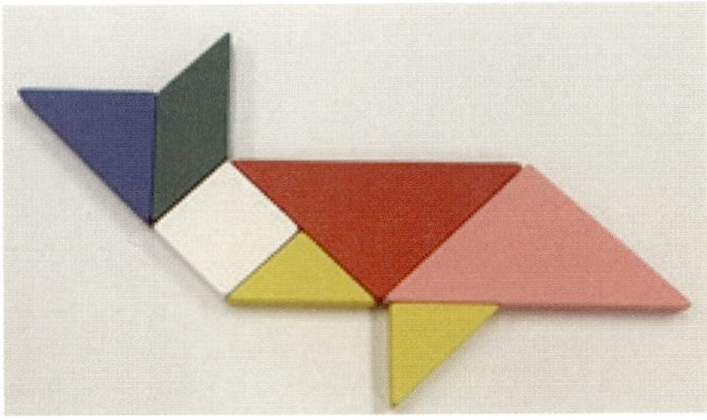
소	돌고래

사자	우주선

사람	등대

숫자 3	숫자 4

39. 투호놀이

예전에는 양반가에서 놀던 놀이로서 일정한 거리에 서서 투호 통에 화살을 던져, 누가 많은 수를 넣는가를 겨루는 놀이이다. 이 놀이는 1,000원권 지폐에 실렸을 정도로 대표적인 민속놀이이다. 고궁이나 명절, 민속촌에서나 할 수 있었던 놀이였으나 현재는 체육시간에도 하는 놀이로 교과서에도 실렸다. 과거에는 특별하게 제작된 투호 통을 요즘은 항아리나 플라스틱 통을 이용하기도 한다.

놀이유래

우리나라에서도 이 놀이가 일찍부터 전해져 행해진 것은 당나라 때의 학자 이연수의 '북사' 백제전에 투호 · 저포 · 농주와 악삭 등 잡회가 있다 하였고 '신당서' 고구려전에도 고구려인은 바둑과 투호놀이를 좋아한다고 하였음을 보아 알 수 있다.

놀이방법

준비물

투호병(항아리나 화살을 넣을 수 있는 것), 화살

휴지통, 박스, 나무 큰젓가락, 색테이프, 지점토, 한지나 천, 고무줄

만들기

1. 큰 나무막대기를 색테이프로 감는다.
2. 지점토를 둥글게 뭉쳐서 화살촉을 만들어 나무 막대기에 끼운다.
3. 색테이프로 꼬리부분도 만들어 붙인다.
4. 지점토 부분은 한지로 감싸고 고무줄로 묶는다.
5. 던진 화살 가운데 통 속에 꽂힌 화살 수를 가려 많이 꽂힌 사람이 이기게 된다.

유의사항: 대상에 따라 거리가 멀거나 가까이서 던질 수 있게 한다.

놀이효과

집중력과 목표물을 맞히는 조정력, 침착성을 길러준다.

투호를 통에 넣기 위해서는 정교성이 필요하다.

단체놀이를 통하여 협동성을 기를 수 있다.

40. 팽이치기

겨울철에 눈이나 얼음판 위에서 아이들이 팽이를 돌리며 노는 놀이이다. 팽이는 축을 중심으로 둥근 동체가 회전운동을 하는 완구이다. 팽이를 평안도에서는 '세리', '세루', 함경도에서는 '봉애', '방애', 경상도에서는 '뺑이', '핑딩', 전라도에서는 '뺑돌이', 제주도에서는 '도래기'로 부르기도 한다. 이처럼 지역에 따라 다양한 명칭이 있지만, 오늘날은 일반적으로 팽이라는 말이 통용하고 있다.

팽이 놀이 장소는 주로 마당이나 골목이며, 얼음 팽이치기의 경우 공간은 따로 없고 겨울의 강가, 연못, 논바닥의 얼음판에서 했던 놀이이다.

요즘은 팽이가 다양한 종류로 판매 되고 있다.

준비물

팽이에 오색을 넣거나 기름을 바르기도 하는데, 팽이의 끝에는 작고 둥근 뿔이나 못을 박아서 오래 돌아갈 수 있도록 한다. 아이들이 팽이를 직접 깎아 만드는 것 자체도 놀이가 된다.

팽이를 치는 채는 40~50cm의 싸리나무 같은 막대기 한 끝에 40~50cm 정도면 알맞다.

놀이효과

눈과 손, 눈과 팔의 협응력을 기를 수 있다.

관성의 법칙 같은 자연의 원리나 법칙을 배우게 된다.

팽이 만드는 과정을 통해 창의성을 기를 수 있다.

놀이방법

멀리 던져 돌리기는 팽이 끈을 위에서부터 아래로 가지런히 감은 다음 바닥에 힘차게 던지는 놀이이이다.

목표지점을 설정해놓고 팽이 허리를 쳐서 빨리 돌아오기, 돌고 있는 팽이를 맞부딪쳐서 상대방의 팽이를 쓰러뜨리는 싸움놀이, 아래위에 심이 박힌 팽이를 팽이줄로 감아 머리위로 또는 팔을 옆으로 비켜서 마치 야구공을 던지듯이 팽이를 던져 돌려 서로 맞부딪치게 하는 팽이찍기가 있다. 이때 팽이가 먼저 쓰러지면 지게 된다.

출처: 이창식(1999), 한국민속대관4(1981), 한국민속대사전(1991)

아이가 팽이를 치고 있습니다. 그런데 곧 쓰러질 것 같습니다.
그림에 색을 칠해보세요.

41. 풀각시놀이

풀각시 놀이는 봄철에 여자 아이들이 '각시풀'이나 '지랑풀' 또는 '무릇'이나 '진풀' 같은 풀을 가지고 각시 인형을 만들어 노는 놀이이다.

풀각시놀이라는 명칭은 풀을 가지고 각시 인형을 만들고 논다는 데서 온 말이다. 지역에 따라서는 각시놀이 또는 풀각시라고도 하고 곤각시만들기라고 달리 부르기도 한다. 풀각시에 대한 자료는 『오주연문장전산고(五洲衍文長箋散稿)』와 『동국세시기(東國歲時記)』에서도 찾을 수 있는데, 여기에 '아가씨들이 푸른 풀을 뜯어다가 머리채를 만들고 나무를 깎아 그것을 붙인 다음, 붉은 치마를 입히는데, 이를 각시라 한다. 이부자리와 침병(枕屛)을 쳐놓고 놀기도 한다.'고 하였다.

풀각시 인형만들기

준비물

1. 수수깡이나 대나무, 껍질 벗긴 나뭇가지를 몸통(팔, 다리 등)으로 만든다.
2. 담장 밑이나 밭두렁에 자란 지랑풀이나 각시풀 또는 무릇잎을 머리카락 만들 만큼 준비한다. 준비된 풀은 끓는 물에 살짝 데치거나, 손으로 비벼서 숨을 죽여 부드럽게 만든다.
3. 대나무 몸통 상단(上端)에 실로 묶어 머리처럼 곱게 만든다. (풀을 땋아서 처녀를 만들기, 쪽진 머리에 비녀를 꽂은 각시로 만들기)
4. 치마와 저고리를 입히면 완성

놀이방법

풀각시가 완성되면 또 다른 신랑(新郎)인형을 만들고, 대례상(大禮床)을 차린 후 서로 절을 시키며 혼례를 올린다. 신방(新房)을 차리고, 흙 음식을 담은 사금파리 같은 것으로 음식상(飮食床)을 차려 서로 나누어 먹는 시늉을 하면서 논다.

봄나물을 캐러 들로 나온 여자아이들이 풀각시놀이를 하고 있습니다.
그림에 색을 칠해보세요.

제4장
창의 인성전래놀이

창의성의 개념

창의성은 'creativity'를 번역한 것으로 창의적 능력, 동기, 태도, 성격 등을 의미한다.
새로운 아이디어를 생성하는 하나의 과정의 형태라고 볼 수 있다. 현재 우리 사회에서는 창의성에 관한 많은 논의는 대기업 총수의 인재론에서도 창의성은 가장 중요한 인재의 덕목으로 거론되고 있고, 창의성 계발을 하기 위하여 어린이 캠프도 많이 열리고 있다. 많은 출판물에서도 창의성이란 문구는 선택이 아닌 필수로 제시된다.
창의성이란 유전적이거나 하루아침에 길러지는 것도 아니다. 창의성은 환경과 사회의 영향을 많이 받으면서도 타고난 기질이 꺾이거나 제한하지 않아야 비로소 발현될 수 있는 양면적이며 종합적인 인간의 정신 능력이다.
또한, 창의적 사고와 창의적 문제해결 등도 창의성을 언급하는 유사한 개념으로 쓰이고 있다. 이 개념들은 창의성의 한 측면을 강조한 것으로 창의적 사고는 동기, 태도, 성격 등을 제외한 순수한 인지적 능력을 강조한 것이며, 창의적 문제해결은 새로운 산출을 얻기 위한 과정에 초점을 둔 것이다. 때로는 창의성, 창의적 사고, 창의적 문제해결 등이 혼용되기도 한다.

창의성의 정의

창의성의 정의를 위해 두 가지 요소가 반드시 필요하다고 한다. 첫째는 어떤 산출이 새롭고 적절해야 한다는 것, 즉 아무도 생각하지 못한 아이디어를 처음 발견한 사람을 창의적인 사람이라고 말할 수 있다. 다른 하나는 과제가 연산적이기보다는 발견적이어야 한다는 것, 다시 말하면, 어떤 아이디어가 창의적인 것으로 판정받기 위해서는 새로운 것이어야 하고 가능한 혼자서 만들어 낸 것이어야 한다.
이 정의는 과정보다는 산출에 초점을 두고 있지만, 어떤 사람이 창의적인지 판정내릴 때 유효하므로 많은 학자들이 이를 수용하고 있는 실정이다(Amabile(1983), 이영만(1998)).
새로움에는 독창성과 상충하기도 하는데 여러 사람이 만든 아이디어는 새로운 것이 될 수 있지만, 독창성은 사라진다. 따라서 창의적인 사람들은 창의성에 대한 자각, 독창성,

독립성, 위험을 감수하려는 의지, 개인적 에너지, 호기심, 유머, 복잡성과 참신성에 대한 끌림, 예술적 감각, 개방적 마음, 높은 지각력 등의 특성이 있었다(Davis(1992)).

창의성과 놀이

가. 창의적 과정

창의적 과정(creative process)에 알려진 길포드(Guilford)의 SOI(Structure of the Intellect) 이론을 살펴보면, 인간의 사고를 수렴적 사고와 확산적 사고로 두 가지로 구분하였다. 수렴적 사고는 논리적 사고로 어떤 사실이나 진리에 맞는 구체적인 정답을 산출하는 사고력을 의미한다. 즉 주어진 다양한 정보로부터 문제해결에 필요한 요소들만 선택하여 이미 정해진 답 혹은 정답을 이끌어내는 사고력이다. 반면, 확산적 사고는 하나의 정답보다는 여러 개의 가능한 해답을 산출하는 사고력을 가리킨다. 이는 다양하고 새로운 대안을 찾아내려는 노력으로서 호기심, 다양한 아이디어, 모순, 갈등, 애매모호함에 대한 개방성, 모험하기, 상상과 유머, 결정적인 요소 찾아내기, 건설적인 해결책 찾아내기 등을 포함한다.

나. 창의성 놀이

놀이를 통하여 인지능력을 향상하며 놀이를 통한 사람과의 관계 속에서 깨달음을 얻게 되고, 놀이는 언어력, 운동력, 집중력, 사고력 등을 키울 수 있으며 따라서 창의성을 향상할 수 있다.

1. 개구리 세 마리 인지놀이

개구리 세 마리(손가락 3개) 장독 위에서 '폴짝' '폴짝' 뛰다가 떨어졌어요.

떨어져서 그만 엉덩방아를 쪘대요.

'잉잉'울면서 엄마에게 달려갔어요.

'개골' '개골' '개골'

엄마가 하는 말 장독 위에서 폴짝 폴짝 뛰니까 엉덩방아를 찧지.

개구리	엄지와 검지를 마주 댄다.
세 마리	검지, 중지, 약지 세 개를 편다.
장독 위에서	양손을 깍지 끼고 원을 만든다.
폴짝 폴짝	주먹을 쥐고 위 아래로 흔든다.
뛰다가	양팔을 뛰는 흉내를 낸다.
쿵하고	박수를 세 개 친다.
떨어 졌어요	고개를 떨군다.
떨어져서 그만 엉덩방아를 쪘대요	엉덩이를 두드린다.
'잉잉' 울면서 엄마에게 달려 갔어요	양손을 눈가에 대고 우는 시늉을 한다.
'개골' '개골' '개골'	손을 아래로 위로 흔들면서
엄마가 하는 말 장독 위에서	양손을 깍지 끼고 원을 만든다.
폴짝 폴짝	주먹을 쥐고 위 아래로 흔든다.
뛰니까	양팔을 뛰는 흉내를 낸다.
엉덩방아를 찧지	엉덩이를 두드린다.

* 개구리 마리 수에 따라 소리가 다르다. 두 마리, 빵 마리, 천 마리

2. 기지개 켜기 놀이

앞따따따 (기지개 켜기, 벽 밀기)

양손 깍지를 끼고 손바닥이 앞으로 향하게 하여 벽을 천천히 밀 듯이 기지개를 켠다. 발뒤꿈치를 들었다 내렸다 하면서 하는 방법도 있다.

(소리 내며) 앞따따따(앞으로), 위따따따(위로), 밑따따따(밑으로)
좌따따따(왼쪽으로), 우따따따(오른쪽으로), 온몸털기(온몸으로 흔든다)
손털기(양손을 흔든다)

스트레칭이 끝난 후 '앞으로 앞으로' 노래에 맞춰 자연스럽게 할 수 있다.

※ 변형: 짝끼리 가위바위보를 해서 진 사람은 이긴 사람의 팔 사이로 팔을 끼고, 이긴 사람이 마음대로 움직이면 팔을 풀지 말고 따라 하게 할 수도 있다.
바위 밀기 : 숨을 들이쉰 후 '힘' 하며 숨을 멈추고 바위를 밀듯이 손을 내뻗는다 (약 5초 정도 유지).

3. 노래 알아 맞히기/집중력

다 같이 아는 노래를 제목 또는 그 노래 가사를 알아맞히는 놀이이다.

멜로디만 들려 주고 제목 알아맞히기, 노래의 가사 알아맞히기

예시: 애국가의 3절 2째단 가사는 ?

1절: 동해물과 백두산이 마르고 닳도록	(후렴) 무궁화 삼천리 화려강산 대한 사람 대한으로 길이 보전하세
하느님이 보우하사 우리나라 만세	
2절: 남산 위에 저 소나무 철갑을 두른 듯	
바람서리 불변함은 우리 기상일세	
3절: 가을 하늘 공활한데 높고 구름 없이	
밝은 달은 우리 가슴 일편단심일세	
4절: 이 기상과 이 맘으로 충성을 다하여	
괴로우나 즐거우나 나라 사랑하세	

대한민국을 상징하는 국기 이름은?

대한민국을 상징하는 국화는?

가고파의 마지막 한 글자는 ?

응용방법

1. 퐁당 퐁당 노래를 부른 후

   이 노래에서 퐁당 퐁당은 몇 번 들어갔을까요?

2. 나비야 나비야 노래 부르다가 '나'에 무조건 무음으로 바꾸기도 한다.

   Ⓐ비야 Ⓐ비야 이리 날아 오너라 호랑Ⓐ비 흰 Ⓐ비 춤을 추며 오너라.

3. 가사바꾸기.

   '하'비야 '하'비야

4. 다양한 가위 바위 보

1) 입으로 하는 가위 바위 보

가위 : 혀 내밀기
바위 : 입술 내밀기
보 : 입 벌리기

2) 발로 하는 가위 바위 보

가위 : 양발을 앞뒤로
바위 : 양발 모으기
보 : 양발 벌리기

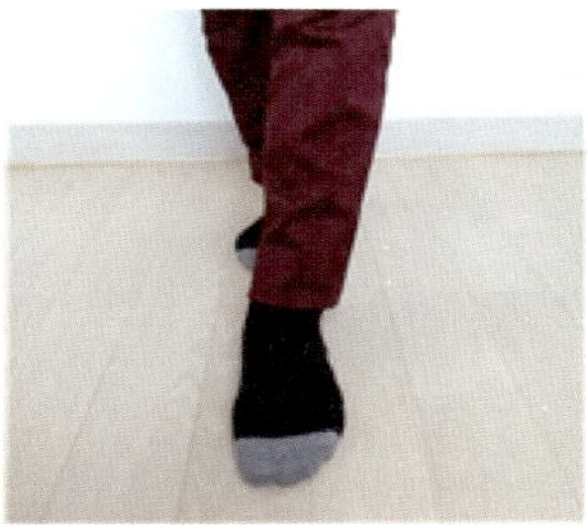
가위

바위

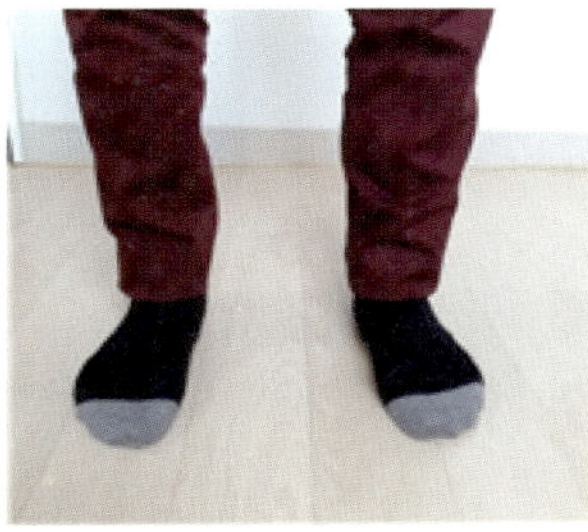
보

5. 두 명 짝짓기, 얼음, 땡놀이

준비물

넓은 공간이면 좋다. 인원은 20명 이상 제한이 없으며, 실내나 실외에서 모두 적합하다.

놀이효과

이 놀이는 움직이는 운동량이 많으며 순발력 향상에 도움을 준다.

놀이방법

2명씩 한조가 되어 둥글게 앉는다. '가위바위보'로 술래를 2명 정한다.

술래 2명이 '가위바위보'로 다시 술래 중의 술래를 정한다.

'시작'을 알리면 이긴 1번 술래는 먼저 뛰고(원 밖), 진 2번 술래는 '무궁화꽃이 피었습니다.'를 외친 다음 뛰어서 앞의 1번 술래를 잡는 놀이이다.

1번 술래는 뛰다가 지치면 2명씩 앉은 옆에 앉는다.

그러면 반드시 2명이 1조가 되어야 하므로 가장자리의 한 명이 바로 일어나 뛰기 시작해야 한다. 잡힌 사람은 2번째 술래가 되며, 술래 두 명이 한자리에 있을 때는 뒤의 2번 술래는 '무궁화 꽃'을 외치고 앞의 1번 술래를 잡으러 가야 한다. 순발력과 뜀박질을 잘 해야 살아남을 수 있다.

내 옆에 들어오는 1번 술래는 무조건 받아주어야 하므로 술래가 앉으면 제일 밖에 앉아 있는 한 명이 빨리 일어나 달아난다.

두 바퀴를 돌아도 앞의 1번 술래가 안 잡히면 2번 술래는 '얼음'을 외칠 수 있다.

2번 순레가 '얼음'을 외치면 앞의 1번 술래는 그 자세 그대로 멈추어야 한다.

움직이거나 웃으면 아웃된다.

2번 술래는 앞의 1번 술래 가까이 2명이 앉은 곳에 앉으며 '땡'을 외친다.
'땡' 소리와 함께 앞의 1번 술래가 달아나는데 '땡'과 함께 앉은 곳의 인원이 3명이 되었으므로 제일 밖의 한 명이 2번 술래가 되어 앞의 1번 술래를 잡으러 가야 한다.

얼음 '땡' 후에는 '무궁화꽃' 없이 바로 뛸 수가 있다.
움직여서 아웃 되었을 경우는 뒤의 2번 술래가 앉은 팀의 한 명이 1번 술래가 된다.
움직인 1번 술래는 2번 술래가 되어 '무궁화꽃'을 외치고 1번 술래를 잡으러 가야 한다.

6. 둥글게 앉아서 할 수 있는 게임

1) 이웃을 사랑하십니까?

의자에 둥그렇게 앉는다.

양옆에 앉아 있는 사람들에게 서로 '까꿍' 하면서 인사를 나눈다.

한 사람을 술래로 정한다.

술래가 어느 한 사람을 가리키며 '이웃을 사랑하십니까?' 하고 묻는다.

만약 그 사람이 '네' 하고 대답하면, 대답한 양쪽에 있던 사람 둘이 자리를 바꿉니다.

그런데, 만약 그 사람이 '아니오' 하고 대답하면,

술래는 '그럼, 어떤 이웃을 사랑하십니까?'하고 다시 묻는다.

질문을 받은 그 사람은 '~~~~~~한 이웃을 사랑합니다.' 하고 어떤 사람의 특징(예시: 안경 쓴 이웃을 사랑합니다)을 말하며 붙인다.

그 특징을 가진 사람들은 모두 일어나 자기 자리가 아닌 자리로 바꿔 앉아야 한다.

사람들이 자리를 바꾸는 사이에 술래는 얼른 빈 자리에 가서 앉고,

혼자 앉을 자리에 찾지 못한 사람이 술래가 된다.

2) 너도 좋고 나도 좋고

1. 참여자들은 의자에 둥그렇게 앉는다.
2. 1번 왼손은 왼쪽 무릎 위 오른손은 내손 한 번 옆 친구손 한 번
3. 2번 왼손은 왼쪽 무릎 위 오른손은 내손 두 번 옆 친구손 두 번
4. 3번 왼손은 왼쪽 무릎 위 오른손은 내손 세 번 옆 친구손 세 번
5. 4번 왼손은 왼쪽 무릎 위 오른손은 내손 내배 친구손 친구배
6. 방향 바꾸어서 오른손부터 시작한다.

3) 자리 바꾸기

1. 참여자 의자에 둥그렇게 앉는다.
2. 의자 하나를 자리를 비운다(빈 의자).
3. 노래를 부르면서 비어있는 의자 양옆에 앉은 두 사람은 손을 잡고 다른 곳으로 가서 한 사람을 데려다 그 의자에 앉힌다.
4. 항상 의자 하나는 비어 있다.
5. 위 3과 같은 방식으로 진행한다.
6. 노래를 점점 빠르게 부르면 진행도 빨라진다.
7. 노래 끝나면 빈 의자 양옆에 앉은 사람들이 벌칙을 받는다.

7. 떨어졌다

진행자가 '떨어졌다'는 말을 여러 번 반복하다가 별, 사과, 밤, 간 등의 이름을 대면 학생들은 떨어진 물건에 맞는 손동작을 한다.

예시: 별 → 두 손을 모아 하늘로,
사과 → 두 손을 모아 가슴 앞으로,
밤 → 따가운 밤송이를 피해 두 손을 쫙 벌린다,
간 → 두 손을 간(肝)이 있는 곳에 댄다.

*떨어졌다 떨어졌다: 두 손을 계속 위에서 아래로 턴다.

*떨어졌다 떨어졌다 사과: '샥' 소리와 함께 손바닥을 펴서 마주 대고 사과를 받는 시늉을 한다.

*떨어졌다 떨어졌다 별: 두 팔을 들어 하늘을 향해 올린다(V형)

*떨어졌다 떨어졌다 간: 두 손으로 X자로 교차하며 가슴을 감싸듯 안는다.

*떨어졌다 떨어졌다 밤: 두 손을 재빨리 피한다.

* 놀이 중간에 '똥'이라 하여 더러운 똥을 피하는 행동을 자유롭게 할 수 있다.

* 처음 몇 번은 맞게 한 뒤 진행자는 말과 행동을 다르게 하여 학습자들로 하여금 실수를 하게 만든다.

8. 또아리 놀이

예전에 물건을 옮기는 수단으로 주로 여자들이 사용되어 왔던 도구이다. 물건을 머리 위에 올려놓고 가고자 할 때 물건과 머리 사이에 고이는 받침대로 무거운 머리 위에 짐을 머리와 짐 사이의 완충역할을 하는 도구이다.

본래 또아리는 볏짚을 시용하여 새끼로 10cm 정도의 원을 만든 후 사용하는 것이다.

*볏짚: 쌀을 털고 남은 줄기로 볏짚이라 한다.

*새끼: 볏짚을 사용하여 만드는 줄로서 새끼줄이라고 한다.

준비물

또아리, 채반 또는 쟁반, 단단한 책, 공을 준비한다. 장소는 실외나 실내에서 다 가능하다. 인원수 제한은 없다.

놀이효과

이 놀이는 몸의 중심잡기 능력을 향상시킬수 있다.

놀이에 필요한 또아리

놀이방법

1. '가위바위보'로 두 팀으로 나눈다. 10m 거리에 반환점을 둔다.
   머리에 똬리를 얹고 그 위에 채반을 얹는다. 진행자의 '시작' 소리에 맞추어 동시에 출발하는데, 채반을 손으로 붙잡으면 아웃된다. 채반을 머리에 이고 반환점을 먼저 돌아오면 이긴다.
2. '가위바위보'로 두 팀으로 나눈다. 10m 거리에 공을 많이 쌓아둔다. 출발선상에 주자는 진행자의 '시작' 소리에 맞추어 출발하며 채반을 손으로 잡아도 된다. 공을 가득 담은 다음 다시 머리에 이고 돌아오면 된다. 정해진 시간에 공을 많이 가져오는 팀이 승리한다. 돌아올 때 공이 하나라도 떨어지면 아웃이며, 다음 팀원이 출발한다.

9. 말 보태기

첫째 사람에게 '나는 시장에 가서 사과를 샀습니다.'라고 말하면 그 사람은 '나는 시장에 가서 사과와 운동화를 샀습니다.' 그다음 사람은 '… 사과와 운동화와 순대를 … ' 등으로 자꾸 보태나가는데, 빼먹거나 틀리지 않아야 한다.

진행방법

일대일 대표자로 진행하여도 되며, 소집단 원형 놀이로 진행하여도 된다.

응용방법

여러 가지 다른 매개체를 사용하여도 된다.

1	나는 시장에 갔다.
2	나는 시장에 가서 사과를 샀다.
3	나는 시장에 가서 사과와 배를 샀다.
4	나는 시장에 가서 사과와 배와 운동화를 샀다.
5	나는 시장에 가서 사과와 배와 운동화와 순대를 샀다.

10. 목소리야 커져라

여러 편으로 나누어서 함께 하거나, 대표가 나와 교대로 한 음씩 '도레미파솔라시도'를 계속 올라가게 하는데, 더 높은 목소리가 나오는 팀이 이기는 게임이다. 계명 대신에 '다람쥐가 올라간다'로 바꾸어서 해도 된다. 다른 응용방법으로 어느 팀이 목소리가 더 낮게 내려가는지도 시합한다.

머리/도, 어깨/레, 가슴/미, 두 팔 옆 벌리고/파, 배/솔, 허벅지/라, 무릎/시, 발/도

이처럼 신체를 이용해서 구성하고 머리부터 시작하거나 발부터 시작한다.

진행방법

전체를 대상으로 팀 대항으로 운영할 수 있으며, 각 팀의 가장 목소리 큰 사람을 대표자로 불러서 대표자 게임을 할 수도 있다(그날의 주제를 음계대신에 사용할 수 있다.).

EX) 청춘은 지금부터

응용방법

일반적인 음계가 대상에게 익숙해지면 지도자의 손 높이에 따라서 목소리를 올렸다 내렸다 할 수 있게끔 연습하여, 재미있는 문장을 그 음높이에 따라 외치도록 한다.

EX) 1팀은 '누가누가 내 사탕 몰래몰래 먹었나?' 2팀은 '안들려 안들려'를 외치도록 가르친 다음에 각 팀에서 한 번씩 자기 팀 구호를 외치는 동안에 지도자는 자신의 손 높이를 조절하여 팀 대항 볼륨 놀이를 한다.

노래 처음과 끝

둘이 나와 대항하거나 두 편이 대항해도 좋다. 한쪽이 아무 노래나 처음 두 마디 정도를 불렀을 때 지도자가 '그만!' 하면 상대 쪽이 빨리 10을 셀 동안에 그 노래의 끝부분 두 마디 정도를 제대로 불러야 한다. 그 다음엔 상대 쪽에서 먼저 다른 노래를 부르고 먼저 시

작한 쪽이 끝 부분을 불러 승부를 정한다.

대형: 각 팀별로 서로 마주보고 진행

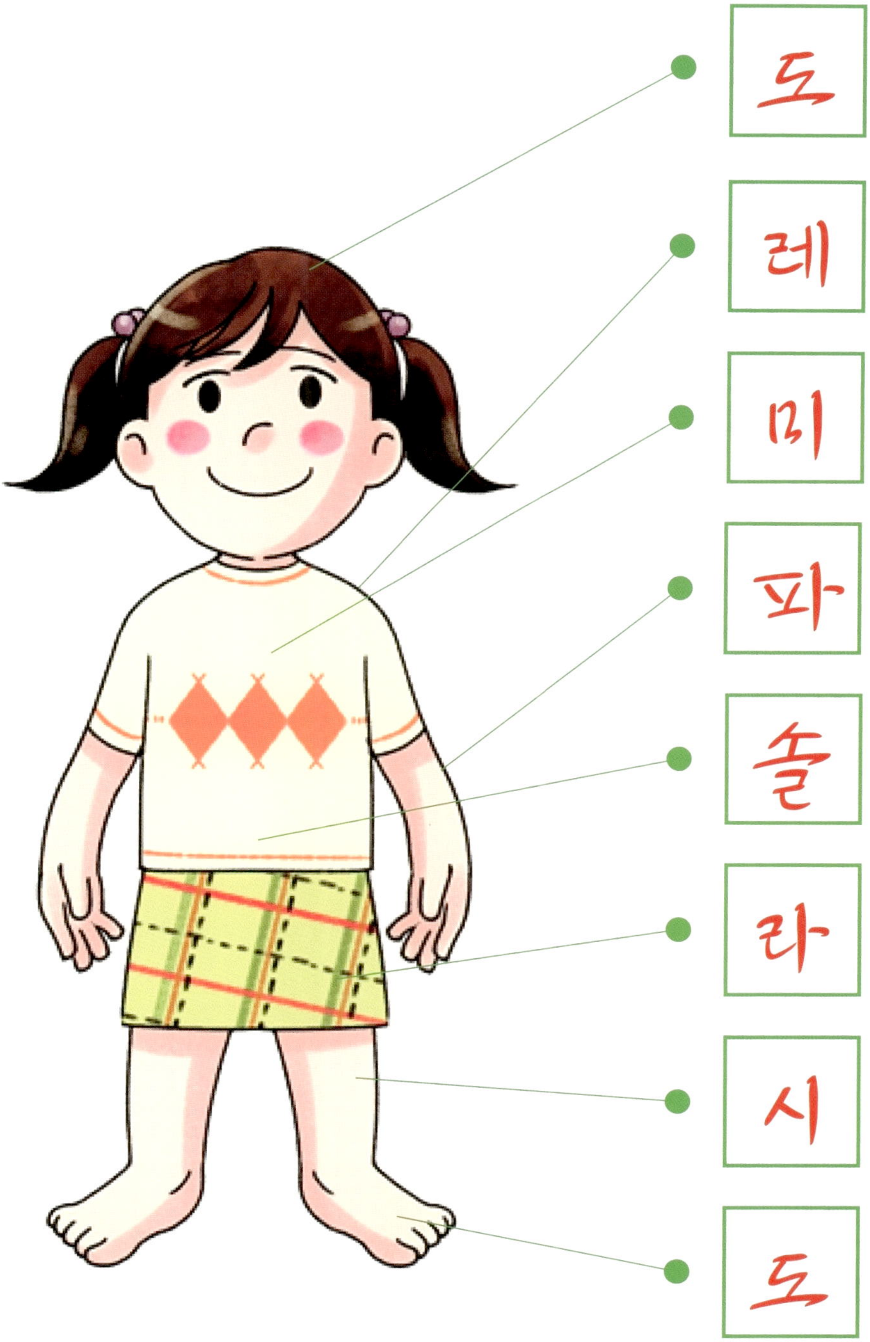

11. 바람개비 딱지놀이

준비물

재활용 가능한 우유 팩을 충분히 준비한다.

인원은 10명 이상 제한이 없다.

장소는 실내나 실외 모두 가능하다.

제작방법

우유 팩의 각 모서리를 밑면만 남기고 모두 자른 후 납작하게 펼친다.

긴 부분의 4개 면을 7cm 정도 잘라낸다.

외면 딱지 접는 법과 첫 번은 반대로 뒤로 삼각을 접는다.

접힌 삼각의 반을 앞으로 다시 접는다.

4면을 돌아가며 보통 딱지 접는 것처럼 접으면 바람개비 딱지가 완성된다.

겉으로 보이는 날개를 위쪽으로 봉긋이 세우면

더 많은 바람을 넣을 수가 있어서 놀이할 때 오랫동안 돌아간다.

놀이방법

두 편으로 나누어 바람개비 딱지 대결을 한다.

'시작' 소리에 맞추어 양 팀이 함께 한 번만 불도록 하며 더 오래 돌아가는 팀원이 승리한다. 팀원 인원수대로 해서 점수를 합산하면 된다.

놀이가 끝나면 모두 함께 바람개비 날리기를 해서 승패를 가른다.

12. 빙글빙글 복주머니 달팽이 놀이

달팽이 모양의 나선형 놀이판을 그려놓고 하는 놀이이다.

준비물

실내에서 하면 바닥에 붙일 청테이프, 장소가 운동장이면 미니 회분을 준비한다.
복주머니는 인원수만큼 준비한다. 인원은 제한이 없다. 인원이 많으면 재미있다.

놀이효과

이 놀이는 민첩성과 협동성을 기를 수 있고, 운동량이 많다.

놀이방법

'가위바위보'로 청팀, 홍팀으로 나눈다. 두 개의 달팽이를 각자 그린다.
달팽이 모양을 작게 그리면 어지럽기 때문에 크게 그리는 것이 좋다.
달팽이를 그릴 때는 양 팀의 거리가 비슷하게 그리도록 한다.
인원수만큼의 깃발과 복주머니는 달팽이 안쪽에 놓아둔다.
각 팀은 일렬종대로 서 있는다. 진행자의 '시작' 소리에 맞추어 제일 앞의 팀원이 자기의 달팽이로 뛰어가서 안에 놓인 복주머니를 하나 가지고 나와서 다음 주자에게 터치를 한다. 터치 받은 주자는 바로 뛰어간다. 터치를 받지 않고 출발한 주자는 다시 돌아와 터치를 받고 가야 한다. 한 게임이 끝나면 달팽이를 서로 바꾸어 다시 승패를 가린다.
팀원 순서대로 진행해서 먼저 돌아온 팀이 승리한다.

13. 빼빼로 이어달리기 놀이

빼빼로는 막대 모양의 과자로 달달한 초콜릿이 있어서 남녀노소가 좋아하는 과자류이다. 11월 11일 '빼빼로데이'가 있을 만큼 많이 알려진 과자이며 놀이를 하고 과자는 먹을 수 있어서 참여도가 적극적이다.

참가자 전원이 집중하게 되는 특징으로 팀원 모두 한마음 될 수 있는 놀이이며 협동성이 향상된다.

준비물

빼빼로 과자와 양파링을 여유 있게 준비한다.

장소는 실내나 실외에서 모두 가능하다. 인원수는 특별히 제한이 없다.

놀이방법

두 팀을 서로 마주 보고 선다. 각 팀의 대표 2명을 선정한다. 각 팀의 대표 외에 나머지 사람들은 빼빼로를 하나씩 입에 물고 대기한다. 팀의 대표가 입에 빼빼로를 물고 있고, 다른 한 사람은 접시에 양파링을 담아 들고 따라다닌다.

자기 팀에 첫 번째 사람에게 접시에 있는 양파링을 입에 물고 있는 빼빼로를 전달하면 이어서 옆 사람에게 전달하며 이어달리기처럼 받고 옆 사람에게 전달하는 게임이다.

팀의 첫 사람부터 끝 사람까지 갔다가 다시 끝에서 시작점으로 먼저 돌아오면 놀이는 끝난다.

14. 삼각딱지와 양궁놀이

준비물

양궁 그림이 있는 천(가로세로 1m)과 A4 용지나 전단지, 재활용지 등을 준비한다.
인원은 10명 이상 제한이 없다. 장소는 실내나 실외 모두 가능하다.

제작방법

A4 용지나 전단지(재활용지)를 더 긴 면이 내 앞으로 오게 놓은 다음 4cm 정도 접는다.
오른쪽 모서리를 왼쪽 모서리에 대고 눌러서 자국을 내준다.
왼쪽에 남는 삼각형을 큰 삼각형 안으로 넣어준다.
뒷면에 있는 삼각형을 큰 삼각형 안으로 넣어준다.
정삼각형이 확실하게 만들어졌으면 세 꼭짓점을 돌아가면서 밑면에 대고 눌러서 자국을 내준 후 편다.

자국에서 다시 삼각형이 생겨있다. 가운데 면을 남기고 돌아가면서 일반딱지 접는 방법과 동일하게 접는다. 맨 나중에 일반딱지와 같은 형태로 먼저 접힌 면에 넣어주면 삼각딱지가 완성된다.

놀이방법

다 접은 삼각딱지의 뒷면에 본인의 이름과 하고 싶은 일이나 되고 싶은 것을 적는다.
둥글게 둘러앉아서 노래를 부르며 옆 사람과 반복하여 전달한다. 진행자가 '스톱'을 외치면 손 안에 들어온 다른 사람의 삼각딱지를 순서대로 읽어주고, 소원을 이루도록 다 같이 축복을 해준다.
팀을 두 팀으로 하여 3m 선상에 놓아둔 양궁판에 양궁하는 식으로 삼각딱지를 팀을 번갈아 가며 던져서 다 던진 다음 각 편의 점수를 합산하여 점수가 많은 팀이 승리한다. 2번의 놀이를 3판 2승으로 결판을 낸 다음 다시 팀을 나누어 두 팀으로 가른다. 양궁 천

위에 삼각딱지를 모두 놓고 합동 딱지치기를 하는데 숫자를 세 가며 한다. 칠 때는 머리 정도까지 딱지가 올라오도록 해야 한다. 삼각딱지 변형놀이로는 머리나 배 위에 얹고 반환점 돌아오기 등을 한다.

15. 색종이 튤립꽃 만들기

튤립의 꽃말은 사랑의 고백, 매혹, 영원한 애정, 경솔이라고 한다.

원산지는 터키라고 하고 귀족들 사이에서 인기가 많았다고 한다.

튤립의 설화는 3명의 남자가 한 여인을 두고 청혼을 하는 이야기이다.

왕자는 왕관을 머리에, 부잣집 아들은 황금을, 3번째 남자는 대대로 내려오는 귀한 칼을 주겠다고 청혼을 하였지만 끝내 거절을 하였고, 3명의 남자에게 받은 고통으로 일찍 세상을 떠났다는 이야기가 있다.

<table>
<tr><td>노랑: 짝사랑이라는 의미를 담고 있는 꽃</td><td rowspan="3"></td></tr>
<tr><td>흰색: 실연의 의미를 담고 있는 꽃</td></tr>
<tr><td>자주: 영원한 사랑이라는 의미를 담고 있는 꽃</td></tr>
</table>

놀이방법

준비물

단면 색종이 4.5cm×4.5cm 빨강 2장, 단면 색종이 4.5cm×4.5cm 초록 2장, 눈

	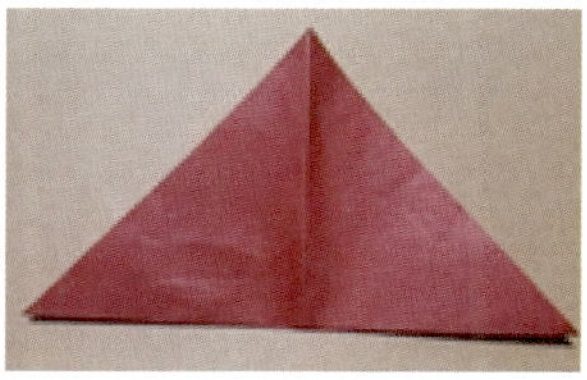	
1. 마주보는 꼭짓점과 꼭짓점이 만나도록 접었다가 펴세요.	2. 1에서 만든 중심선에 맞추어 아래위의 꼭짓점과 꼭짓점을 맞추어 반으로 접으세요.	3. 양쪽을 같은 비율로 접어 올리세요.

1. 위의 꼭짓점을 아래의 꼭짓점에 정확하게 맞추어 접어주세요.	2. 반으로 접으세요.	3. 위의 한 장만 비스듬히 접으세요.

16. 석 줄 시 짓기

지정된 세 글자, 혹은 네 글자를 첫 자로 하여 삼행시 혹은 사행시를 빨리 지어 즉석에서 발표하게 한다. 혹은 한 사람이 한 줄씩 이어가면서 앞 사람의 말을 받아 글을 지어 발표하기를 하면 더욱더 좋겠다. 두 편으로 나누어 대표가 나와 즉석에서 주고받으면서 4행시 대항전을 교대로 시작해도 된다.

진행 : 그날 모임의 성격을 담은 말을 지어내기로 진행한다.

전 집에 올라가다가

래 려오는 사람과 부딪혀

놀 랐지만

이 것도 인연이라 반갑게 웃었다.

창 밖을 바라보니 무거운 짐을 들고 가는 어르신을 도와주는

의 로운 청년이 보였다. 내 아들이었다.

17. 소망 종이 탑쌓기

놀이목적

팀별 창의성을 발휘할 수 있는 놀이로서 집중력과 협동성과 사회성 향상 효과를 준다. 자신의 미래 희망에 대하여 생각해보고 상대를 알고 나와 다른 타인을 알아 다름을 인정한다.

준비물

풀 또는 사인펜

팀별 A4 용지 10장을 인원수만큼 약 4명~5명 준비, 여유분 A4용지

책상과 실내 바닥에서 할 수 있는 놀이이다.

놀이방법

약 4~5명의 인원으로 팀을 나눈다.

A4 용지에 자신의 꿈 또는 소망을 적어본다.

자신의 소망을 팀별로 자신의 꿈 또는 소망을 이야기한다.

자신의 소망을 적은 A4 용지를 접는다.

접은 종이 모양을 한 사람 한 사람 탑 높이 쌓기를 한다.

풀이나 테이프를 사용할 수 없고, 찢거나 침은 사용할 수 있다.

A4 용지 탑이 5초 이상 서 있으면 성공한다.

종이 탑이 서 있는 상태에서 줄자로 높이를 재고, 가장 높은 종이 탑이 승리한다.

유의사항

가위라든지 다른 도구를 사용하지 않는다.

A4용지 10장으로 종이탑을 만든다. 가위, 풀 등을 사용하지 않는다.

가장 높은 종이탑을 쌓은 팀이 이긴다. 종이탑이 5초 이상 서 있어야 한다.

18. 신문지로 모자 접기놀이

준비물

신문지 전지 한 사람당 한 개씩 필요(일반적인 큰 신문지가 어른 머리에 맞음, 작은 크기의 신문지는 어른 머리에 잘 안 맞음)

제목: 신문지 사관모 접기

1. 큰 신문지를 반으로 접는다.	2. 가운데 중심으로 삼각형이 되게 접는다.
	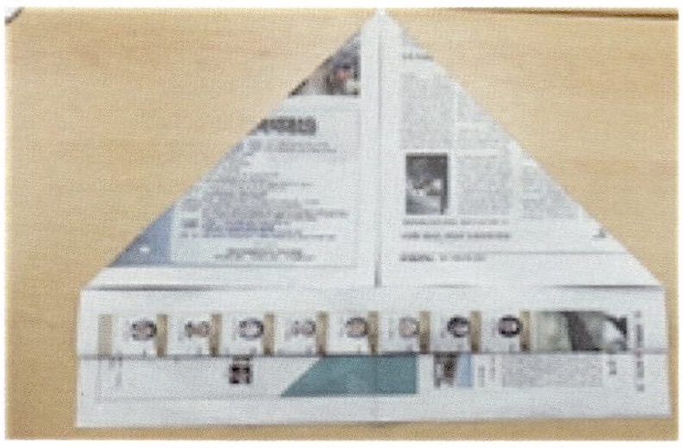
3. 삼각형 모양이 중심이 잘 되게 접는다.	4. 밑 부분의 한쪽을 위로 접는다.
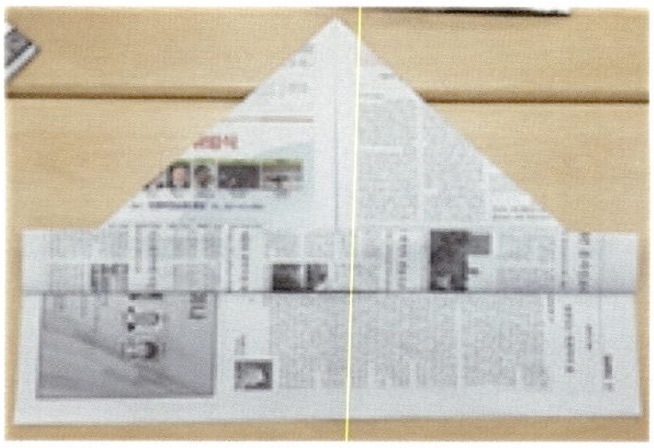	
5. 접은 부분을 한 번 더 위로 올린다.	6. 신문을 뒤로 돌린다.

7. 양쪽 방향이 맞게 접는다.	8. 밑에 부분을 한번 접어 올린다.
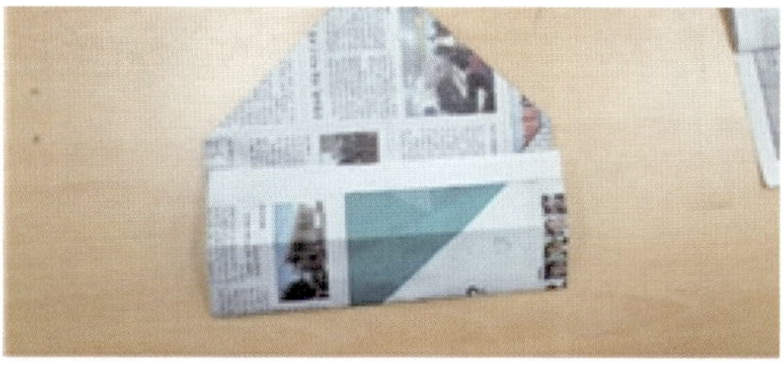  	
9. 남은 부분은 안으로 넣어 말끔히 정리한다. 10. 모자의 끝부분을 접어서 머리에 써 본다.	11. 신문지로 만든 사관모 완성

고깔모자

1. 신문 큰 전지를 반으로 접어 두 겹이 되게 한다.
2. 다시 반으로 접어서 막힌 쪽에서 양쪽을 0.5cm씩 띄우고 삼각형으로 접는다.
3. 밑에 남은 직사각형을 삼각형의 끝에 맞추어 위로 접어준다.
4. 삼각형 고깔모자를 쓰면 갑자기 우산이 없어 비를 피하거나 야외에서 얼굴에 뜨거운 태양을 가릴 때 쓰면 임시방편으로 아이디어 모자가 된다.
5. 한가지씩 만들 때마다 모자를 쓰고 같이 사진을 찍어 두면 기념이 된다.

교황모자

1. 앞에 0.5cm 띄운 쪽을 가로로 이등분하여 반을 접고 또 반을 접어 올린다.
2. 뒤쪽을 뒤집어 아래 직사각형을 펼쳐주고 펴진 상태에서 가운데 중앙선에 맞추어 양쪽을 반씩 접어주고 나중에 반듯한 모자가 되도록 가장자리를 꼭꼭 눌러준다.
3. 밑에 작은 직사각형을 반을 접고 또 반을 접었다 다시 펴준 후에 접힌 선에 맞추어 접어서 눌러주고 반 접힌 줄이 보이는 만큼은 안으로 밀어 넣어 앞과 뒤의 모자 테두리가 같은 넓이가 되게 한다.
4. 안으로 접어 넣은 종이가 구석구석 구겨지지 않고 잘 펴서 밀어 넣어지도록 해야 모자가 예쁘다.

5 앞으로 돌려 세로로 간격을 띤 모양이 앞이 되게 쓰면 교황모자가 탄생한다.

6. 다같이 쓰고 만든 순서나 흔적을 남기기 위해 사진을 찍어둔다.

해군모자

1. 교황모자를 뒤로 뒤집고 뒤에서 삼각형으로 접어 테두리에 끼워준다
2. 나머지 다른 선들도 접힌 부분을 잘 반듯하게 눌러주고 세로로 머리에 쓰면 해군모자가 완성된다.

주방장모자

해군모자를 가로로 쓰면 주방장 모자가 된다.

중국 남자모자

1. 해군모자의 가운데를 양쪽으로 잡아당겨서 꼭꼭 눌러주면 마름모 혹은 정사각형이 되는데 정사각형의 가운데가 트인 쪽이 위로 오게 세로로 놓고 양쪽 뾰족한 부분을 삼각형으로 접어서 모자 테두리에 끝이 닿도록 오른쪽 왼쪽으로 끼운다.
2. 잘 끼운 양쪽을 잘 눌러준 후 다시 트인 곳을 조심스레 열어서 사각형으로 모양을 만들어 아래로 놓아두면 갑자기 무엇인가를 담을 그릇이 없을 때 가벼운 임시 그릇 대용으로도 쓸 수 있고 뒤집어 모자로 머리에 쓰면 중국 남자모자가 완성된다(띵호아~).

학사모자

중국 남자모자에서 모자 테두리를 자세히 보면 접어 넣은 삼각형이 세 개가 있는 것을 볼 수 있다 이 세 개의 삼각형을 빼내면 졸업식 때 쓰는 학사모가 되어 마지막에 드디어 '모자 접기를 하고 졸업하셨습니다.' 하고 모두 모자를 쓰고 졸업사진을 찍으면 근사한 졸업식이 된다.

눈싸움으로 마무리 정리하기

모자를 만든 신문지로 눈덩이를 만들어 두 팀을 나누어 눈싸움 놀이를 한다. 신나게 놀다가 모두 함께 다 주워서 정리한다.

–모자접기의 효과–

모자접기는 남녀노소 누구나가 직접 만들면서 성취감은 물론 하나하나 모양이 다른 모자가 만들어질 때 신기하고 재미있어 하며 즐거워한다. 따라서 손의 소근육 발달과 기쁨, 자아존중감과 자신감을 올려준다고 하겠다.

–지도시 주의사항–

어르신들이나 어린아이들은 조금 느리면 천천히 한 사람 한 사람 잘 되고 있는지 살펴보고 확인한 다음 잘 안 된 곳은 지도자가 같이 도와드리며 보조를 같이 맞추어 가도록 한다. 그래야 잘 안 되어도 인내를 가지고 끝까지 할 수 있는 용기가 생기게 된다고 하겠다.

19. 약과문

1) '약과문, 약과문 ……'이라고 계속 말을 하다가 '약', '과', '문' 중 하나를 선택하여 외친다.

2) 참가자들은 다음과 같이 대답한다.

다음) :

약 : 약 이름	어 : 물고기 이름
과 : 과일 이름	조 : 새 이름
문 : 문방구에서 파는 물건	목 : 나무 이름

(변형법) 통떡탕

통 : 끝 글자가 '통'이 되는 단어

떡 : 떡 종류

탕 : 끝 글자가 '탕'이 되는 단어

20. 양손 다르게 하기

손가락 운동도 될 수 있다.

1) 왼손은 2박자 오른손은 3박자로 지휘(왼손↑↓, 오른손 △)

* 요령: 6박자 때 두 손이 모두 올라오는 것을 기억하면 쉽다.

2) 왼손은 다리를 긁고 오른손은 두드린다.

(바꿔! 하면 왼손 오른손을 반대로 하기 → 쉽지 않음)

3) 왼손은 밖으로 원형을 그리고 오른손은 안으로 원형을 그린다.

* 요령: 위와 아래에서 손이 마주치는 지점을 잘 보면 쉽다

4) 양손 다르게 가위바위보(추적 가위바위보)

* 요령: 노래를 부르며 박자에 맞춰 양손으로 동시에 가위바위보를 하는데, 항상 오른손이 왼손을 이기게 해보자. 역시 쉽지 않다.

5) 숫자 세기 1 : 한 손은 그냥 편 채로, 한 손은 엄지를 꼽은 상태에서 동시에 1부터 10까지 꼽아본다. 잘되면 손가락 두 개를 먼저 꼽고도 해보자.

* 요령 : 손가락을 꺾은 손을 집중해서 보면 쉽게 할 수 있다.
노래와 함께 진행하고

서로 마주 보면서 1조는 노래를, 2조는 행동으로

6) 숫자 세기 2 : 왼손은 엄지부터 오른손을 새끼손가락부터

21. 오감 조각보 놀이

놀이유래

보자기는 물건을 싸서 보관할 때, 네모난 모양을 한 천이다. 한자로는 '복(袱)'은 '복(福)'과 뜻이 통하는 것으로 믿어 보자기에 복을 싸두면 복이 간직된다고 하여 패물, 버선본을 보관하거나, 함을 받치거나, 밥상을 덮고, 이불을 싸고, 빨랫감을 싸는 등 일상생활 속의 필수품으로 결혼을 앞둔 딸을 위하여 정성스럽게 혼수품으로 장만해 두기도 하였다. 조각보는 일반 서민들이 쓰다 남은 조각천을 바느질하여 붙여 만든 것으로 우리 조상들의 생활 지혜였다.

출처: 허동화(2006), 우리 규방문화, 현암사

놀이목적

이 놀이는 오방색의 컬러테라피는 심리적, 정서적인 안정에 효과를 줄 수 있다. 오감을 자극함으로써 창의력, 집중력, 순발력을 향상시키며 서로 신체적 접촉을 통하여 친밀감을 형성하여 협동성에 도움을 준다.

준비물

조각보는 대형, 소형으로 준비하되, 오색을 따로 준비하거나 한 보자기에 오색을 넣어 만들어 준비한다. 오색주머니 속에 콩 또는 부드러운 솜 등을 넣고 만든다.

풍선, 작은 공, 바구니 또는 플라스틱 통

놀이방법

【오색콩 주머니 조각보놀이】

콩주머니 던지기놀이

조각보 주위에 둘러앉는다.

여러 가지 노래를 부르면서 콩 주머니를 하나씩 옆으로 돌린다.

예) 새콤달콤 빨강 딸기, 사과, 자두

달고 맛있는 바나나 노랑, 레몬, 참외

파릇파릇 초록 청포도, 오이

하늘 닮은 메론 파랑색, 바다 닮은 파랑색

캄캄한 밤 검정색, 밭에서 나는 쇠고기 검정콩 등

진행자의 지시에 따라 조각보 색상에 맞는 콩 주머니를 던진다.

콩주머니가 가장 많은 팀이 승리한다.

조각보 줍기놀이

짧은 노래를 준비하고

노래 시작과 동시에 진행자는 색깔별 작은 조각보 줍기놀이를 시작한다.

가장 많이 주운 팀이 이긴다.

조각보가 가장 작아질 때까지 접는다.

준비한 바구니에 던진다.

조각보 함께 들어올리기놀이

조각보 모퉁이를 넷이서 잡고 공을 가운데 올려놓고 구령에 맞추어 공을 위로 튕겨 올리는 놀이이다.

진행자는 하나, 둘, 셋 숫자를 센다.

공을 놓치지 않고 가장 많이 한 팀이 이긴다.

【창의 미술 색채 조각보놀이】

이 놀이는 조각보를 만들어보는 작품 활동이다.
컬러테라피의 효과와 작품 만들기를 통해 창의성을 키울 수 있다.

준비물

조각보 도안, 한지, 가위, 풀 등을 팀별 1개씩 준비하고,
팀별로 협동하여 다양한 방법으로 놀이를 할 수 있도록 설명해준다.
가위바위보를 하여 이긴 팀이 조각보 도안에 하나씩 꾸미기를 한다.
팀별 공동작업으로 하나의 조각보를 먼저 완성하면 승리한다.
이 놀이에서 오감을 자극하는 미술활동은 작품을 만드는 과정에서 혹은 완성된 작품을 통해 자연치유를 맛볼 수도 있다.

놀이규칙

콩 주머니를 던질 때는 조각보 안에 던진다.
친구나 다른 곳에 던지면 놀이에서 점수에 해당하지 않는다.
창의미술 조각보놀이 활동에서 가위는 연령에 맞게 준비하고 사용할 때 다칠 우려가 있으니 주의한다.

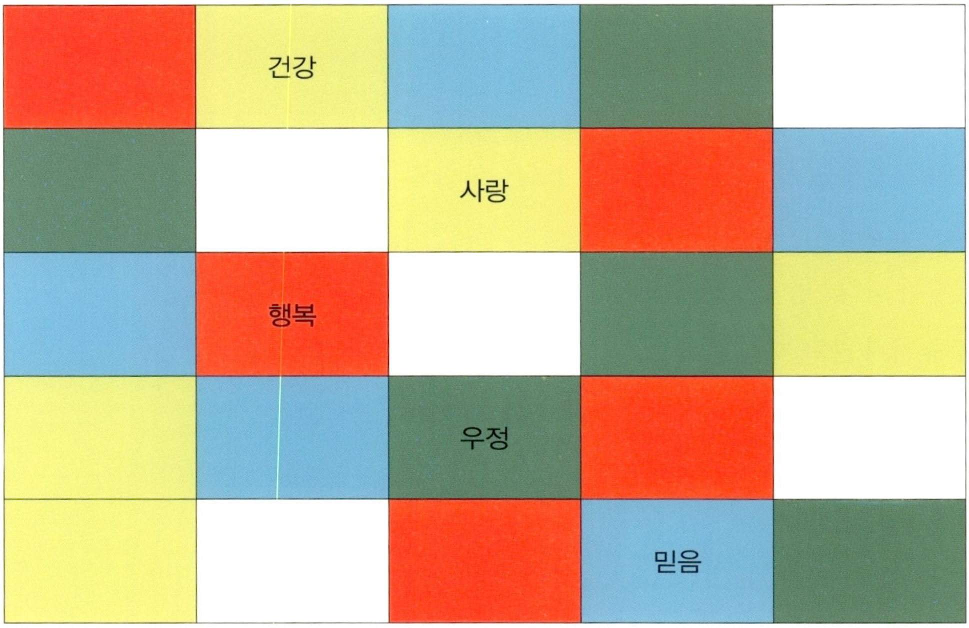

22. 자동차 운전(통일열차)

일열로 한 방향으로 앉아(교실에서는 앞사람) 자동차를 운전한다.

시동걸기(검지 손가락으로 앞사람 귓구멍 간질이기, 부르릉 소리가 날 때까지)

→ 출발(안마하기, 속도에 따라 점점 빠르고 세게)

→ 깜빡이(좌측은 왼쪽 귀 당기기, 우측은 오른쪽 귀 당기기)

→ 장애물(브레이크는 손가락으로 옆구리 쑤시기, 이때 이마로 앞사람의 등을 '쿵' 박는다. 입으로는 '끼익 쿵'이라고 한다)

→ 후진(너무 많이 지나쳐서 후진, 뒤로 돌아 복수할 기회)

* 통일열차 방법은 같고 출발만 다르다.

(양쪽 어깨 앞뒤로 흔들기) - 칙칙 폭폭

23. 종이컵 오목놀이

오목놀이는 많은 손동작과 두뇌 회전을 요하고 집중력을 필요로 하기 때문에 뇌혈관 기능을 향상시킬 뿐만 아니라, 바둑 · 장기 등에 비해 누구나 쉽게 즐길 수 있는 건전한 놀이이다.

준비물

빨간 종이컵 50개~100개(인원에 따라 다름), 파란 종이컵 50개~100개, 바둑판이 그려진 현수막

놀이방법

1. 가위, 바위, 보로 빨간 팀 파란 팀을 정한다.
2. 이긴 팀이 먼저 가운데부터 컵을 놓고 시작한다.
3. 양쪽 팀에서 한 사람씩 돌아가면서 한 번씩 컵을 놓아 같은 색이 5개가 나란히(가로, 세로, 대각선 상관없음) 놓이면 점수를 내고 이긴다.
4. 한 팀이 점수가 나면 종이컵을 다 걷어내고 다시 게임을 시작한다.
5. 상대 팀은 서로 5개가 같은 색이 안 되도록 3개 정도부터 막아야 하고, 머리를 써서 자기 팀 종이컵도 어디에 놓으면 5개가 빨리 될지를 생각하고 컵을 놓는다.

주의할 점

자기 팀이 조용히 의논하면서 하면 협동심을 기를 수 있으나, 누군가가 혼자 독불장군으로 소리를 지르며 다 통솔하거나, 조금 서툰 사람에게 핀잔을 주거나 지적하여 마음을 상하는 일이 없도록 해야 한다.

효과

게임을 하면서 집중하고 생각을 하면서 컵을 놓아야 하니 집중력과 인지력, 공간력, 순발력을 기를 수 있다.

응용방법

종이컵 오목놀이 후 종이컵 쌓기를 해보자.

24. 종이 터널 놀이

놀이목적

A4 종이 한 장으로 도구도 없이 터널을 만들어 몸을 통과시키는 놀이이다.

손과 집중력, 순발력과 창의성 향상에 도움이 되는 놀이이다.

준비물

참가자의 인원수에 맞게 A4 용지를 준비한다. 인원은 제한이 없다.

장소는 실내가 적당하다.

신문지를 A4용지만큼 잘라서 준비를 하면 재활용에도 좋은 놀이이다.

놀이방법

A4 한 장으로 자기 몸을 통과할 수 있는 원을 만들어 본다.

종이가 끊어지지 않고 연결되어야 한다.

종이를 가위 없이 손으로 사용하여 찢어서 만든다.

자기 몸 사이즈만큼의 공간 확보의 중요성을 강조한다.

힌트: A4 한 장을 세로로 반을 접어서 할 수 있다.

유의사항

자기 몸 사이즈 만큼 통과하다가 끊어지면 무효가 된다.

두 사람이 통과할 수 있는 원이나 모둠 인원이 통과하는 원을 크게 만드는 놀이로 변형하여도 된다.

검정 선 부분을 차례로 손으로 찢는다.

가운데 접힌 선 부분을 손으로 찢는다. 다만 제일 아래와 위의 것은 그대로 둔다.

전체를 펼치면 사람이 통과할 수 있다.

25. 창의 줄다리기

놀이유래

줄다리기는 여러 사람이 함께 할 수 있는 놀이이며 우리나라 고유의 민속놀이 중 하나이다. 두 팀으로 나누어 줄을 양쪽으로 잡아당겨 승패를 겨루는 놀이로서 오늘날 8인제 국제식 스포츠 경기로 발전한다. 줄다리기는 친구들과 함께 협동 · 단결할 수 있는 놀이이다.

놀이자세

기본자세를 취할 때에는 허벅지를 지면과 수평이 되도록 유지하고, 힘의 방향과 몸의 중심을 잘 조절해야 한다. 특히 몸의 중심을 뒤로하여 줄에 체중을 실어 당기는 것이 중요하다.

준비물

튼튼한 줄 1개(천 이용 가능, 팀 숫자만큼 준비한다.), 링 고리는 팀별 10개씩 준비한다.

놀이방법

1) 기본 줄다리기 놀이

진행자는 '줄을 팽팽히 잡고, 그대로 당겨'로 방법을 설명해준다.

줄의 길이의 반에 리본을 묶어 기준점에 표시를 한다.

진행자의 '시작' 신호와 함께 자기편으로 줄을 당긴다.

시간은 약 1분으로 정하고 양 팀이 서로 줄을 당겨서 리본이 자기편으로 넘어오면 승리한다.

2) 창의 줄다리기 놀이

양 팀의 줄 기준점에 링 고리 10개를 끼워서 준비한다.(예, 두 팀이면 2개)

진행자의 '시작' 소리에 맞춰 기준점에 있는 링 고리를 앞에서부터 뒤로 하나씩 전달한다.

줄의 끝에 있는 마지막 주자는 링 걸이에 링을 걸고 다시 합류한다.

진행자의 '게임끝'을 알리면 양 팀 중 링이 고리에 많은 팀이 승리를 한다.

유의사항

줄을 당길 때 무리하게 당기면 넘어지지 않도록 유의한다.

줄을 당기면서 고리를 뒤로 전달할 때 넘어지지 않도록 유의한다.

줄다리기 방어법

줄다리기는 여러 명이 좁은 공간 유지를 하여 공격하는 놀이로, 방어도 중요하다. 힘의 균형이 무너져 끌려갈 때 중심을 잃게 되면 상황을 반전시키기 어렵기 때문에 상대에게 줄이 끌려갈 때에도 중심을 잃지 않도록 무릎과 골반을 펴서 상체를 뒤로 밀어준다.

26. 창의인성 문장 모자이크 놀이

놀이목적

여러 가지 문장으로 동기 부여를 하고, 종이를 찢고 붙이면서 소 근육 발달에 도움을 준다.

집중력과 협동성을 주어 사회성과 인간관계 개선에 도움을 준다.

각자 팀끼리 창의적인 하나의 문장을 만들면서 단합을 할 수 있다. 작은 글자를 찾아가며 인내심이 필요한 놀이로서 정서적 안정에 효과를 줄 수 있다.

준비물

신문지, 가위 1개, 풀 1개, 4절지 종이 팀별로 1장씩

한 팀에 4~5명 정도의 팀으로 나눈다.

남녀노소 모두 다 할 수 있는 놀이이다.

장소는 실내가 적합하다.

놀이방법

참가자의 상황에 맞게 팀으로 나눈다.

팀별로 가위와 풀을 나누어 준다. 가위와 풀칠할 사람을 정한다.

나머지는 신문지에서 글자 찾기를 한다. 4절지 종이에 신문지에서 찾은 글자를 문장이 되도록 붙인다. '시작', '끝'을 정확히 알려준다. 먼저 마친 팀이 이기는 놀이이다.

문장의 내용에 따라 진행자가 시간을 정하며, 이 놀이는 약 20분 정도가 적당하다.

진행자가 마음을 움직이는 문장을 하도록 제시한다.

각 팀별로 글자 모자이크 활동을 하도록 안내한다.

문장이 나타내는 의미에 대하여 발표한다.

신문지에서 완성글자를 찾아 먼저 붙이는 팀이 이기며, 가장 좋은 작품을 선정하여 포상한다.

유의사항

4절지에 문장을 다 완성하면 지면을 다양하게 꾸밀 수 있도록 지도할 수 있다.

문장을 완성한 때는 글자는 정확한 글자만을 찾아 붙인다(받침을 잘라 버리거나, 다른 글자를 가지고 와서는 안 된다.). 신문지의 온전한 글자로 찾아와서 붙여야 한다.

27. 창의인성 시계놀이

우리나라 시계는 똑딱똑딱 가지요!

우리나라 지방 시계는 어떻게 갈까요?

* 경상도 시계　똑이라카이~ 딱이라 안카나~

* 전라도 시계　똑! 거시기 헌께~ 딱~ 거시기 허요?

* 충청도 시계　똑! 혀? 딱! 혀!, 똑! 혀? 딱! 혀!

* 강원도 시계　똑! 이니~ 딱! 이더래요?

그 외 기존에 있던 시계 중

* 조영남 시계　똑! 뚜와리 와리, 딱! 뚜와리 와리) 진정! 그대가~

* 북한 시계　똑! 이니끼니~ 딱 이야요!

* 러시아 시계　똑! 무츠스키~, 딱! 무츠스키~

* 일본 시계　똑! 이노~ 딱! 이니~ , 똑! 이노~ 딱! 이니~

28. 창의인성 제기차기

제기 만들기의 효과

어르신들이나 학생들이 제기를 만들면서 오감을 사용하므로 정서발달에 도움을 준다. 집중력과 손을 이용한 소근육 발달은 물론 완성 후 성취감과 놀이로 바로 연결할 수 있어 흥미를 유발하고 병뚜껑을 재활용함으로써 환경과 절약정신을 심어줄 수 있다.

준비물

페트병 뚜껑(콜라병 뚜껑이 제일 좋음, 너무 뚜껑이 깊으면 찰흙도 많이 들어가고 놀이할 때 투박함),

노란 고무줄 1인 1개, 습자지 다른 색 3장, 흙 · 찰흙(찰흙 1개당 제기 10개 충분히 만듦),

제기 만들기

1. 병뚜껑 안쪽에 찰흙을 평평하게만 채운다(절대 욕심내어 많이 넣지 말 것).
2. 습자지 3장을 가지런히 끝을 맞추어 가로로 포개놓고 가운데 끝쪽에 찰흙을 채운 병뚜껑을 놓는다.
3. 끝 가운데 놓은 병뚜껑을 습자지로 김밥 말듯이 돌돌 만다.
4. 병뚜껑을 가운데에 놓고, 습자지를 위로 양쪽을 반 접는다.
5. 고무줄로 병뚜껑이 위치한 머리 쪽 바로 위를 두 겹으로 두 번 돌려 꼭 묶는다.
6. 윗부분의 습자지를 결을 잘 확인하고 결 따라 1cm 간격으로 찢는다.
7. 길게 찢긴 습자지를 손으로 잘 펴서 제기가 꽃 모양으로 균형이 맞게 펼쳐준다.

주의사항

1. 습자지를 말아줄 때, 병뚜껑 안에서 동전이 나오지 않게 한다.
2. 습자지를 길게 찢을 때 두께가 고르게 잘 찢어야 한다.

놀이방법

1. 손바닥으로 펴 올리기: 모두 함께하는 놀이로 사회자의 구령에 맞추어 시작! 하면 '하나, 둘, ~ 아홉, 열'까지나 스물까지 모두 함께 숫자를 세면서 하면 어르신들은 숫자도 익히시니 뇌활용에도 좋다.

2. 발로 차기: 훌랄라랄라 박수를 치다가, 가위바위보로 두 팀으로 나누어, 사회자의 구령에 맞추어 '시작!' 하면 누가 많이 차나, 많이 차는 팀이 이긴다(양 팀 한 사람씩 나와서 해도 되고, 시간이나 인원에 따라 유동성 있게 진행하여 팀별로 같이 해도 됨).

3. 종이접시로 펴 올리기 게임: 두 팀으로 나누어 사회자 구령에 맞추어 많이 펴 올리는 팀(오래 살아있는 팀)이 이긴다. 역시 이 놀이도 양 팀 한 사람씩 나와서 해도 되고 팀 전체 함께 해도 된다.

4. 종이접시로 배드민턴 놀이: 양 팀이 한 사람씩 해도 되고 두 사람씩 상대편과 짝을 지어 함께 서서, 동시에 게임이 아니고 놀이로 해도 된다(학생인 경우 둘이서 치면서 반환점 돌아오기 게임도 좋다.).

5. 보자기로 펴 올리기 게임: 되도록 큰 보자기로 한다. 보자기가 작으면 4명, 보자기가 크면 6명씩 보자기를 두 손으로 다 같이 잡고, 만든 제기를 전부 넣고 모두 숫자를 세면서 펴 올리기를 놀이로 한다(협동심을 기르는 놀이이며, 마음을 같이 하여 높이 펴 올리면 즐겁게 할 수 있음).

   두 팀을 나누어 제기를 떨어뜨리지 않고 오래 펴 올리면 이기는 게임으로 진행해도 된다.

6. 보자기 이어 넘기기 놀이: 보자기를 잡고 길게 옆줄로 서서 서로 이쪽 팀 맨 앞에서부터 차례로 '하나, 둘, 셋' 하고 펴 올린 후 받아라! 하고 다음 팀으로 넘기기를 계속 릴레이식으로 하는 놀이다. 맨 앞이 넘기면 또 제기를 사회자나 진행요원이 넣어주어, 이어서 놀이가 되도록 한다.

29. 청개구리놀이

진행자의 행동에 반대로 한다. 예를 들면 진행자가 손을 위로 들면, 학습자는 아래로 내리고, 벌리면 오므리고, 벌칙을 주기 위한 놀이이다. 벌칙을 주는 사람을 따라서 하면 누구나 걸리는 게임이다.

*** 변형 :**

식물 이름 대기
언어영역놀이

- 말하는 것이 땅속에 있는 것일 때는 일어서고, 땅 위에 있는 것일 때는 앉는다.

예)

무, 토란, 고구마, 감자 → 일어선다
딸기, 사과 → 앉는다

실버 어르신 수업 때는

오른손 들기 왼손 들기
오른발 들기 왼발 들기
오른쪽 바라보기 왼쪽 바라보기
양손 들기 양손 내리기
하늘 쳐다보기 땅보기

30. 코, 귀 붙잡기

활동방법

두 손을 교차하여 한 손으로는 코를 다른 손으로는 한쪽 귀를 잡는다.

바꿔! 하면 코 잡았던 손은 귀를, 귀 잡았던 손으로는 코를 빨리 잡는다.

빠르게 반복한다.

더 빨리하는 방법: 손을 가만히 놔두고 고개를 좌우로 한다.

31. 파도 놀이

활동목적

참가자 전체가 한마음으로 협동할 수 있는 시간이 될 수 있는 프로그램이다.

인원수에 상관없이 진행할 수 있다.

바다와 파도를 상상할 수 있는 기억력증진과 서로 마음을 모아서 하는 협동성 놀이이다.

준비물

특별한 준비물은 없다. 15명 이상이 활동할 수 있는 충분한 공간이 필요하다. 실외나 실내에서 가능하다.

놀이방법

세 명을 한 팀으로 한다. 15명 이상이면 놀이를 할 수 있다.

두 명이 손을 잡고 한 명은 그 속에 들어가서 선다.

속에 선 사람은 파도가 되어, 팔을 흔들며 파도치는 흉내를 낸다.

나머지 두 명은 갈매기, 가오리로 이름을 정한다.

진행자가 '갈매기' 하면, 가오리는 가만히 서 있고, 갈매기만 다른 팀으로 이동한다.

재미있는 노래를 하면서 인원이 교체되는 즐거운 놀이이다.

갈매기와 가오리가 손을 맞잡고, 파도는 손을 가운데서 계속 흔든다.

진행자가 '파도' 하면, 모든 팀원이 다 흩어져서 세 명씩 같은 방법으로 새로운 팀을 만든다.

사과, 배, 감 등을 활용하여 지역에 맞게 놀이를 구성하여도 된다.

32. 풍선릴레이

준비물

풍선을 인원수의 2배로 준비한다. 인원은 제한이 없다. 장소도 실내나 실외 모두 가능하다.

놀이방법

두 팀으로 나눈다. 두 줄 종렬 형태로 선다.
풍선을 똑같은 숫자로 나누고 풍선을 너무 크지 않게 적당히 분다.
만지기 좋은 만큼 풍선을 불어 물렁물렁하게 매어 출발점에 둔다.
뒷부분에(대략 앞에서 20m) 선을 그어놓는다.
진행자의 '시작' 소리와 함께 맨 앞의 팀원이 풍선을 들어 머리 위로 뒷사람에게 전한다.
뒷사람에게 풍선을 전하고 빨리 자기 팀의 제일 뒤에 가서 다시 풍선을 받을 준비를 한다.
모든 팀원이 이 같은 방식으로 뒷사람에게 머리 위로 풍선을 전해가다가 뒷부분 금을 그어놓은 곳에 풍선을 놓고 다시 앞의 풍선 있는 곳을 달려가 처음처럼 일렬 종대로 서서 머리 위로 풍선 이어주기를 한다.

앞에 있는 풍선을 모두 뒷부분에 먼저 가져다 놓는 팀이 승리한다.
중간에 풍선이 터지면 모두 출발선으로 뛰어가서 처음부터 다시 시작한다.
3판 2승으로 해도 되고, 5판 3승으로 해도 되며, 재미있으면 오래 해도 된다.

33. 풍선활동 창의놀이

실버대상 치료목적으로 레크레이션 목적으로 실행한다.

활동방법

풍선 불기

풍선을 나눠주고 부는 방법을 알려주어 불어보게 한다.

불 수 없는 분들에게는 기구를 이용하는 방법을 알려준다.

☆ 먼저 활동하기 전

첫 번째 풍선으로 색깔놀이

나는 빨강이야 나는 노랑이야

색깔놀이를 한다.

두 번째 풍선크기놀이

작게 크게 길게 표현을 말하고 행동해보기

세 번째는 느낌 나누기

소리내보기_콕콕 콕 찔러보기_비벼보기_눌러보기_

주먹 쥐고 손을 펴서 두 손으로 풍선을 들고 콕콕 찔러요, 콕콕 찔러요.

던져보세요. 비벼보세요.

함께 부르며 놀아 본다.

책상에 앉았을 경우

노래를 부르면서 첫째자리부터 출발한다.

뒤로 주고받고 앞으로 차례로 전체가 참여하면서 노래가 끝나면 잡고 있는 사람이 벌칙이 주어진다.

벌칙이 주어질 때는 대상을 고려해서 자존감 상하지 않는 방법이 좋다.

34. 훌라후프 터널 릴레이

준비물

훌라후프를 인원수만큼 준비한다. 인원은 제한이 없다.

장소는 실내 혹은 실외가 좋으며 장소가 넓으면 더 좋다.

놀이효과

이 놀이는 지구력, 순발력, 민첩성 향상에 효과가 있다.

놀이방법

두 팀으로 나눈다. 전원이 훌라후프를 하나씩 갖는다.

팀원이 다 같이 훌라후프 돌리기를 한다. 제일 오래 돌린 사람이 승리한다.

훌라후프 돌리기 놀이를 3회 정도 진행한다.

두 팀이 서로 손을 잡고 줄을 선다.

손을 사용하지 않고 통과하는 놀이이다.

마지막 주자는 훌라후프를 골에 던져서 건다. 걸면 승리가 된다.

훌라후프 터널을 양쪽으로 만든다.

두 팀 모두 첫 주자를 1명씩 정한다.

'시작' 신호를 하면 첫 번 주자는 훌라후프 터널을 통과한다.

출발지점에서 자기가 들고 있던 훌라후프로, 주자가 통과하면 들고 있던 팀원은 훌라후프를 가지고 자기 팀의 제일 끝으로 가서 훌라후프 터널을 이어놓는다.

팀원 전체가 통과하면 먼저 통과한 팀이 승자가 된다.

3판 2승으로 승패를 가른다.

제5장
창의 인성교육

인성의 의미

인성은(人性) 자신의 일상생활을 하는 데 있어서 다른 사람들과 구분되며, 지속적이고 일관된 본인 특유의 심리 및 행동하는 양식을 말한다.

자기 본연의 내적동기와 욕구를 표현하는 데 있어서, 스스로 조절하여 환경에 맞게 행동하는 습관이며, 대외적으로 상황을 판단하여 절제와 중용을 할 수 있는 능력이다.

인성은 개인의 기능적 측면에서 안정화하며 유동적으로 변화할 수 있는 능력들을 포함한다.

개인적으로 차이가 크며 인지와 정서, 외현적 행동과정에서 일어나는 행동을 말한다.

인지란 개인이 획득한 어떠한 정보를, 판단을 통해 대상자나 외부 환경에 맞게 해석하여 행동하게 하는 기능이다. 우리는 가족이나 사회관계를 떠나서는 살아가기가 힘들다. 여러 사람들과의 관계 소통과 커뮤니티를 통하여 살아야 하기 때문에, 어려서부터 인지를 향상시키고 환경 변화에 적응하며 상대와의 관계 유지에 있어서 중용을 길러가는 능력을 향상시켜야 한다.

건강한 사람은 정신과 육체, 사회의 적응능력을 적당하게 타협하며 수용할 수 있어야 한다.

어린아이든 성인이든 사람들과의 관계 속에서 본인의 노력 여하에 따라서 관계와 소통을 잘하면 행복한 삶을 살아갈 수 있는 환경이 된다.

다음 장부터 펼쳐지는 이야기들은 바르고 건강하고 행복하게 살아갈 수 있도록 심리적 안정과 깨달음을 통하여, 바른 모습으로 살아가는 데 도움이 되기를 바라는 마음에서 기획되었다.

1. 주자훈권학문

勿謂今日不學 而有來日(물위금일불학 이유내일)
오늘을 배우지 않아도 내일이 있다고 말하지 말며

勿謂今年不學 而有來年(물위금년불학 이유내년)
금년에 배우지 않아도 내년이 있다고 말하지 말라.

日月逝矣 歲不我延(일월서의 세불아연)
해와 달은 무심히 흐를뿐, 세월은 나를 기다리지 않는다.

嗚呼老矣 是誰之愆(오호노의 시수지건)
오호라 늙었구나 이 누구의 허물인가

少年易老 學難成(소년이노 학난성)
소년은 늙기 쉽고 배움은 이루기 어려우니

一寸光陰 不可輕(일촌광음 불가경)
일초의 시간인들 가볍게 여기지 말라.

未覺池塘春草夢(미각지당춘초몽)
연못가에 봄풀 꿈을 미처 깨지 못하여서

階前梧葉 已秋聲(계전오엽 이추성)
뜰 앞에 오동잎이 이미 가을소리를 전하도다.

주자훈 권학문 읽고 따라 써보세요.

勿謂今日不學 而有來日(물위금일불학 이유내일)

勿謂今年不學 而有來年(물위금년불학 이유내년)

日月逝矣 歲不我延(일월서의 세불아연)

嗚呼老矣 是誰之愆(오호노의 시수지건)

少年易老 學難成(소년이노 학난성)

一寸光陰 不可輕(일촌광음 불가경)

未覺池塘春草夢(미각지당춘초몽)

階前梧葉 已秋聲(계전오엽 이추성)

2. 구용과 구사

구용구사(九容九思)는 사람이 제구실을 하기 위하여 마땅히 지녀야 할 아홉 가지 바른 용모와 아홉 가지 바른 생각을 뜻하는 말입니다.
이율곡 선생님은 '몸과 마음을 수련하는 데는 구용보다 중요한 것이 없고, 학문을 하는 데는 구사보다 중요한 것은 없다.'라고 말씀하셨습니다. 사람은 살면서 누구나 지혜롭고 올바른 행동을 하여야 합니다.

구용(九容)

1. 족용중(足容重)

발을 가볍게 하여 경박하게 들어 올리거나 흔들지 않는다.
걸을 때는 신중하게 하며, 부모님이나 어른의 지시로 일을 할 때는 민첩하게 한다.

2. 수용공(手容恭)

손은 공손히 두어 만지작거리거나 함부로 휘두르지 않는다.
손은 필요 없이 움직이지 않으며 일이 없을 때는 두 손을 모아 공손하게 공수(拱手)한다.
공수는 왼손을 오른손 위에 놓고 두 손을 마주 잡아 공경의 뜻을 나타내는 것이다.

3. 목용단(目容端)

눈은 단정히 하고 곱게 떠서 정면을 바로 보고 곁눈질하지 않는다.

4. 구용지(口容止)

말할 때와 먹을 때를 빼고는 입을 조용히 다물고 입을 벌리지 않는다.

5. 성용정(聲容靜)

맑은 음성으로 말하며 재채기나 기침 등 잡소리를 내지 않는다.

말은 조용하게 해야 하며 시끄럽거나 수선스럽게 하지 않는다.

6. 두용직(頭容直)

머리를 곧고 바르게 하여서 한편으로 기울게 하지 않고 의젓하게 한다.

7. 기용숙(氣容肅)

호흡을 고르게 하고 평온히 해서 엄숙한 태도를 지니도록 한다.

8. 입용덕(立容德)

서 있는 모습은 바르게 하고 기대지 않고 점잖은 태도를 가진다.

9. 색용장(色容莊)

얼굴 표정은 항상 명랑하고 씩씩하게 하여 태만한 기색을 내지 않는다.

구사(九思)

구사는 아홉 가지 생각하는 법으로 논어에 나오는 글로 소학과 격몽요결에도 나온다.

1. 시사명(視思明)

눈으로는 밝고 옳게 사물이나 사람을 바르게 보겠다고 생각한다.

2. 청사총(聽思聰)

귀로는 말의 참 뜻을 밝게 분별 있게 듣겠다고 생각한다.

3. 색사온(色思溫)

얼굴 표정을 온화하게 하여 성난 빛이 없도록 해야겠다고 생각한다.

4. 모사공(貌思恭)

몸가짐을 공손하고 단정하게 해야겠다고 생각한다.

5. 언사충(言思忠)

말을 할 때는 진실하고 믿음이 있는 말만 해야겠다고 생각한다.

6. 사사경(事思敬)

일을 할 때는 공경하고 행동을 진실하게 해야겠다고 생각한다.

7. 의사문(疑思問)

의심나는 것이 있으면 반드시 사리로 따져서 배우겠다고 생각한다.

8. 분사난(忿思難)

화나는 일이 있으면 반드시 사리로 따져서 어려운 지경에 이르지 않게 할 것을 생각한다.

9. 견득사의(見得思義)

이익을 보면 그것이 의(義)와 이(利)를 구분하고, 얻어도 되는 것과 버려야 할 것을 명확하게 생각한다.

율곡(栗谷) 이이(李珥)의 격몽요결(擊蒙要訣)에서

생각해보기 ● ● ● ● ●

※ 주자훈권학문이란

※ 구용이란

※ 구사란

※ 퇴계 이황 선생님이 조카에게 한 말?

옛날의 지혜와 덕이 뛰어난 어른들의 가르침을 깊이 생각하고 본받아야만 한다. 이를 항상 본받고 실천한다면 그분들의 한 말씀 한 말씀이 가치가 있지만, 따를 생각을 아니 하고, 또한 실천도 하지 않는다면 훌륭한 만 마디의 말씀인들 아무 소용이 없는 것이다.

3. 슬기로운 사람

슬기는 무엇일까?

슬기는 사물의 이치를 빨리 깨닫고 사물을 정확하게 처리할 방도를 생각해내는 재능을 말합니다. 지혜란 말과 같이 사용합니다.

슬기로운 사람은 흘리는 법이 없습니다. 흘린다는 것은 무슨 일에 빠져 정신을 차리지 못하는 것을 말합니다. 잘못 판단하거나 유혹에 넘어가서 갈팡질팡하는 것은 어리석은 사람입니다.

슬기로운 사람은 그때그때 경험이 많은 분에게 묻고, 거기에다 자기의 깊은 생각을 담는 사람입니다. 나보다 나이 많은 사람, 어진 사람은 오랜 세월을 경험했고, 세상을 보는 눈이 올바르기 때문에 좋은 스승이 될 수 있습니다. 그러한 분에게서 배우기를 좋아하는 것도 슬기로운 사람만이 지니는 지혜입니다.

슬기로운 사람은 언제나 배우며 생각하고 실천하는 사람을 말합니다.

배운다는 것은 남이 생각해서 이루어 놓은 학문을 익히고 따른다는 뜻입니다.

배우고 생각하기

배우기만 해서는 아무 소용이 없습니다. 자기 자신의 지식으로 만들어야만 합니다. 그러기 위해서는 자기 나름의 생각이 따르지 않으면 안 됩니다. 항상 배우며 곰곰이 생각을 해야 하는 것입니다. 배우면서 많이 생각하고 잘 새겨야 자기 자신의 지식이 되고 이 지식을 바탕으로 새로운 것을 만들 수도 있는 것입니다.

'배우기만 하고 생각하지 않으면 어둡다.'라는 말이 있습니다. 배우는 데만 힘쓰고 생각이 따르지 않으면 세상이 어두울 수밖에 없다는 뜻입니다. 아는 것을 잘 활용하지 못하기 때문에 우물 안 개구리처럼 어리석게 될 수도 있다는 이야기입니다.

배우지 않고 생각만 열심히 하는 사람도 있습니다.

자기 나름대로 생각은 하지만 남이 이룩해 놓은 학문을 배우지 않는 사람은 독단에 빠지기 쉽습니다. 독단이란 남의 말을 들어보지도 않고 자기 혼자만의 생각으로 결정해버리는 것을 말합니다.

우리 친구들 간에도 그러한 친구들이 있을 것입니다.

사람은 누구나 완전할 수가 없습니다. 그렇기 때문에 다른 사람의 생각도 들어보고 얘기도 나눠보고 하면서 세상일을 판단하게 되는 것입니다. 세상에서 가장 위태로운 것이 혼자만의 생각대로만 행동하는 것입니다.

♣ 자신을 뒤돌아 봅시다.

♣ 나 스스로 반성해봅시다.

♣ 내가 실천해야 하는 것은 무엇인지 적어 봅시다.

배우고 생각하는 서경덕

서경덕의 나이 4~5세 때 이야기입니다. 어린 경덕은 들에 나가 나물을 캐어 겨우 끼니를 때우곤 했습니다.

화창한 봄 따사로운 햇볕이 쏟아지고, 아지랑이가 아른거리는 속에 종달새 한 마리가 우짖으며 날고 있었습니다. 나물을 캐던 경덕은 종달새가 날아가는 것을 보다가 고개를 갸웃거렸습니다.

종달새의 나는 모습이 어제와는 달리 더 높이 날고 있었기 때문입니다.

'이상도 하지, 왜 날마다 더 높이 떠서 나는 것일까?'

경덕은 곰곰이 생각해보았지만 알 수가 없었습니다.

다음날도 나물을 캐러 들판으로 나갔습니다. 종달새는 어제보다 더 높이 날고 있었습니다.

'오늘은 더 위로 올라갔네, 어째서 저럴까?'

경덕은 나물바구니를 던져두고 생각하기 시작했습니다. 이상해서 견딜 수가 없었습니다. 보통 사람들 같으면 무심코 넘어갈 일이지만 그럴 수가 없었습니다. 꼭 알아내어야 직성이 풀렸습니다.

'종달새는 왜 하루가 다르게 땅에서 높이 올라가나? 처음부터 높이 떠서 날 일이지, 왜 땅에서 낮게 날기 시작해 점점 높이 올라가지?'
경덕은 나물 캐는 것도 잊고 밭둑에 쪼그리고 앉아 하루 종일 생각에 잠겼습니다. 이미 날은 어둑해지기 시작했습니다.

'그렇다. 이거야!'
경덕은 무릎을 쳤습니다. 생각이 풀린 것입니다.
봄이 되면 땅속에 스며 있던 따스한 기운이 밖으로 뿜어져 나옵니다. 그 기운이 점차 위로 올라감에 따라 종달새도 높이 나는 것입니다.
경덕은 마치 하늘을 나는 기분이었습니다.
'이거다!'
경덕은 큰소리로 외치며 빈 바구니를 들고 집으로 달려갔습니다.

경덕은 좀 더 큰 뒤 서당을 다니며 조금이라도 알 수 없는 부분이 있으면 꼭 질문을 해서 밝혀내고야 말았습니다. 서경덕은 평생을 배우고 생각하며, 생각하고 배우는 태도로 살았습니다. 누구나 서경덕과 같지는 않습니다. 그렇지만 무언가 이유가 무얼까? 깊이 생각해보는 것은 창의적인 아이디어가 생각이 나기도 합니다. 의문점이 생기면 물어보고 곰곰이 생각해보는 것들은 바람직한 행동입니다.

＊ 종달새는 왜 날마다 조금씩 높이 날게 되었나요?
＊ 서경덕의 이야기에서 주는 의미는 무엇이었나요?

함께 생각해봅시다.

♣ 가족(家族)이란?

한 공간에서 함께 같이 살아가면서 일상 생활을 하는 사람들, 밥을 같이 먹고, 함께 살아가는 구성원을 말한다.

함께 사는 친구, 또는 반려 동물 모두가 가족이 될 수 있고, 한 공간에서 살지는 않지만 서로 의지 할 수 있는 소중한 사람이라면 가족이라 할 수 있다.

나를 안다는 것은 중요합니다. 자신을 이해하고 사랑한다는 것 또한 중요합니다. 나를 알고 상대를 이해하면 나와 상대가 다르다는 것을 알면 행복지수가 높아져서 바르고 건강한 삶을 살아 갈 수 있습니다. 가족구성원은 누가 있는지, 내가 좋아는 것은 무엇인지 이야기 해봅시다.

♣ 우리 가족은 누구누구가 있나요?

♣ 가족 중 제일 어른이 좋아 하는 음식은 무엇인가요?

♣ 내가 좋아하는 음식은 무엇인가요?

♣ 우리 가족 생일은 알고 있나요?

♣ 내가 가장 좋아하는 친구는?

♣ 우리 가족은 아침인사는 어떻게 하나요?

♣ 내가 가장 좋아하는 색과 꽃은 무엇인가요?

♣ 내가 가장 갖고 싶은 것은 무엇인가요?

♣ 우리 집에서 가장 가까운 도서관은?

♣ 우리 가족의 자랑거리는 무엇이 있을까요?

슬기로운 사람은 세상의 모든 이치를 골고루 잘 알기 때문에 막힘이 없습니다. 힘든 일들도 헤쳐나갈 용기와 지혜가 있습니다. 마치 흐르는 물줄기가 길을 찾아 여기저기로 스며들어 뚫고 나가는 것과 같습니다. 물은 막힌 곳이 있으면 어딘가를 찾아서 작은 구멍이라도 찾아서 흘러가게 되는 것이지요.

바르고 슬기로운 사람은 씩씩하고 건강하게 힘든 일을 이겨내고 살아갈 수 있는 사람이 되어 어른이 되면 사회와 국가를 위해 일을 할 수 있는 사람들이 많습니다.

그러나 슬기롭다고 해서 도덕에 벗어나는 일을 해서는 안 되는 것입니다.

4. 지혜로운 사람

옛날 사람들은 지혜로운 사람이 되기 위해 많은 노력을 하였습니다.
이율곡 선생님의 격몽요결이란 책을 보면 아래와 같이 적혀 있다.

세상의 지혜보다도 더 아름다운 것은 없습니다. 또한 어짊보다 더 고상하고 귀중한 것이 없습니다. 그런데 사람들 은 어렵고 힘들며, 고통스럽다고 하여 그것을 포기하는 경우가 많습니다. 어찌 어렵고 고통스럽다고 하여 어질고 지혜롭게 되는 일을 어리석게도 쉽게 포기할 수가 있겠습니까?
또한 사람은 누구나 착한 성품을 지니고 태어납니다. 스스로 그 착한 성품을 갈고 닦지 않아 그릇된 사람으로 성장할 수 있단 말입니까?

학교에서 1등인 사람이라고 지혜롭다는 보장은 없습니다. 또한 배운 것이 없다고 지혜롭지 말라는 법도 없습니다. 지혜로운 사람이 된다는 것은 공부를 많이 했다거나 높은 자리에 있는 사람이거나 돈이 많다거나 하는 것들과는 상관이 없습니다.
사람들은 지혜로워지기 위해서는 항상 모든 것을 잘 관찰하여야 합니다. 작은 일이라도 늘 거기에 깃든 교훈을 찾으려 애쓰고, 옛사람들의 지혜를 배워 내 것으로 해야 하는 것입니다. 그러기 위한 가장 좋은 방법은 독서입니다. 옛사람들이 겪어서 터득한 지혜가 책 속에 많이 들어 있기 때문입니다. 항상 좋은 책을 읽으며 스스로 지혜로워지려고 노력해야 합니다.

지혜로운 사마광

중국 북송 시대의 정치가 사마광의 어린 시절 일입니다.
어느 날 사마광이 친구들과 어울려 놀고 있었습니다. 그런데 한 친구가 어느 집에 있는 큰 물항아리 위에 올라가 보겠다고 하였습니다. 어른들은 아이들이 물항아리 부근에 가면 장난을 치다가 깰까 봐 항상 못 가게 하였습니다. 그러니 더욱 더 장독대 부근에서 놀고 싶어졌습니다.

"내가 저 위에 올라가서 항아리 안에 뭐가 있나 보고 올게."

사마광의 친구는 작은 항아리를 엎어 놓고 위태롭게 큰 항아리 위에 올라갔습니다.

"애들아, 이 항아리에는 물이 가득 들어 있어!"

자기 키보다 훨씬 큰 항아리 위로 올라간 친구는, 둘러서서 구경하던 친구들을 내려다보며 자랑스럽게 말했습니다. 그리곤 발이 미끄러져 항아리 속으로 풍덩 빠졌습니다.

"어푸! 어푸! 사람 살려!"

물에 빠진 친구는 마구 허우적대며 살려 달라고 외쳤지만 둘러섰던 친구들은 어쩔 줄 몰라 당황했습니다.

"큰일 났다 어쩌면 좋지?"

"저러다 걔 죽겠다. 어떡해"

그날따라 주위에는 어른들이 한 사람도 보이지 않았습니다. 물에 빠진 소년은 힘이 빠졌는지, 살려달라고 외치는 소리도 점점 작아지고 있었습니다. 이때 사마광은 조금도 당황하는 기색이 없이 잠시 생각을 하더니, 급히 어디론가 달려가 베개만한 돌을 들고 왔습니다.

"얘, 너 지금 뭐하니?"

"어떻게 하려고 그래?"

아이들이 모두 눈이 둥그렇게 되어 사마광에게 물었지만, 사마광은 아무 대꾸도 없이 돌을 들어 힘껏 항아리를 내려쳤습니다. 그러자 항아리가 깨지면서 안에 있는 물이 쏟아져 나왔습니다. 물론 그 안에 빠졌던 친구 역시 무사히 살아날 수 있었습니다. 나중에 돌아온 항아리 주인에게 사마광이 꾸중 대신 지혜롭게 친구를 구한 소년이라는 칭찬을 들은 것은 물론입니다.

사마광의 지혜로 인해 물에 빠져 죽어가든 친구는 목숨을 구할 수 있었습니다. 우리가 살아가면서 많은 것을 배우고 생각하면 이러한 지혜를 얻을 수가 있는 것입니다.

지혜란 무엇일까요?

사마광은 친구를 구하기 위해 큰 항아리를 깨뜨렸습니다. 다른 친구들은 미처 생각하지 못한 방법이었습니다. 만일 여러분이 그때 그 자리에 있었다면, 역시 항아리를 깨뜨렸겠습니까? 아니면 더 좋은 방법이 없었겠는지 생각해 봅시다.

친구를 구한 강석기

조선시대 인조 임금 때의 일입니다.

소현세자의 장인이고 우의정이란 높은 벼슬을 한 강석기란 분이 있었습니다. 그는 어릴 적의 슬기로운 행동 때문에 한평생 슬기로운 사람이라고 불리게 되었습니다.

강석기가 7살 때의 일입니다.

친구들과 재밌게 놀고 있었는데 그 가운데 한 아이가 깊은 구렁에 빠졌습니다. 도저히 빠져나올 수 없는 곳이었습니다. 빠진 아이는 구렁 속에서 울고 있고 다른 아이들은 놀라 도망을 쳤습니다. 근처엔 새끼줄도 없고 큰 막대기도 없어 구렁에 빠진 친구를 구할 수가 없었습니다. 이를 보고 있던 강석기는 도망치는 아이들을 모두 불러 모았습니다. 그리고 모두 허리띠를 풀게 하여 길게 이었습니다. 그리곤 구렁에 빠져 허우적거리는 친구에게 던져 친구를 끌어 올릴 수가 있었습니다. 어른들은 강석기의 슬기로움에 모두 감탄을 하였습니다.

다섯 살 때 비단 50필을 집으로 가져간 김시습

세종 임금 시절 서울에서는 김시습이란 신동에 대한 이야기가 무성했습니다.

김시습은 태어난 지 8개월 만에 글자를 깨치고 세살 때는《소학》을 줄줄 읽었으며 한문으로 시까지 척척 지어냈습니다. 5살에는 어른들도 어려워하는《대학》과《중용》을 단숨에 깨우쳐 주위 사람들을 놀라게 하였습니다. 마침내 어린 신동에 대한 소문은 세종 임금님 귀에까지 들어갔습니다.

세종 임금은 승정원 관리들에게 시습을 시험해보게 하였더니 승정원 관리가 '과연 듣던 대로 백 년에 하나 나올까 말까한 신동입니다.' 하고 말하였습니다. 세종 임금은 무척 기뻐하며 너무 신기로워 시습을 시험해 보고 싶었습니다. 그래서 신하에게 명을 내렸습니다.

"그 아이에게 비단 50필을 상으로 주도록 하시오. 단, 한 가지 누구의 도움도 없이 그 아이 혼자서 가져가야 하오. 비단 50필을 옮기는 데 아무도 도와줘서는 안 된다는 말이오. 알겠소?"

그 신하는 깜짝 놀랐습니다.

"마마 비단 50필은 수레가 없이는 어른도 옮길 수가 없습니다. 그 많은 것을 아이 혼자 옮기라니요!"

세종 임금은 웃으며

"걱정 말고 내가 이른 대로 하시고 그 아이가 할 수 있는지 없는지는 가서 보면 알 것이오."

얼마 뒤 승정원 마당에는 비단 50필이 쌓였습니다. 비단 주위에는 사람들이 가득 모여 있었습니다. 사람들은 시습에게 비단 50필을 가져가라고 했다는 말을 듣고 다들 궁금해서 보러 온 것입니다.

"상감마마도 참 짓궂으시지. 저 어린 아이가 50필의 비단을 어떻게 가져간다고 …."

한 사람이 이렇게 중얼거리자, 옆에 있던 사람이 핀잔을 주었습니다.

"허허, 입조심 하게. 설마 상감마마께서 할 수 없는 일을 하라고 시키시겠나?"

사람들의 호기심 어린 눈길 속에서 시습은 비단을 말똥말똥 바라보며 뭔가를 생각하였습니다. 그리곤 비단 두 필을 끌어 내렸습니다.

사람들은 술렁이기 시작하였습니다.

"대체 어쩌려는 걸까?"

시습은 비단의 끝과 끝을 잡고 매듭을 지었습니다. 이렇게 비단이 이어지자 다음 비단을 끌어내려 먼저 비단의 끝에 이었습니다.

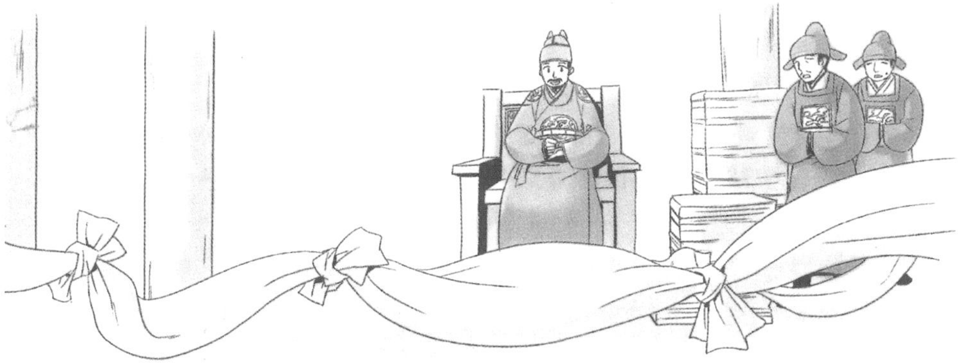

사람들은 탄성을 질렀습니다.

"저렇게 해서 비단을 끌고 가려는 거야! 세상에 다섯 살짜리 꼬마가 어떻게 저런 생각을 했을까?"

아니나 다를까, 시습은 이렇게 해서 비단 50필이 다 이어지자 그 끄트머리를 허리에 묶고는 유유히 궁궐을 빠져나갔습니다.

세종 임금은 이야기를 듣고 무릎을 '탁' 쳤습니다.

"그렇지! 누가 비단을 들고 가지 않고 끌고 갈 생각을 할 수 있단 말인가? 그렇게 틀에 얽매이지 않고 생각할 수 있는 힘이 있기에 그 아이는 그 나이에 글을 깨우치고 시를 지을 수도 있었던 거야!"

김시습은 훗날 우리나라 최초의 한문 소설인 《금오신화》라는 소설을 쓴 훌륭한 문학가가 되었습니다.

출처: 햇살과 나무꾼, 옛날 사람들은 어떻게 공부했을까? 84-89

5. 노력하는 사람

한석봉의 글

지혜를 얻기 위해선 끊임없는 노력이 필요합니다.
바른 어린이는 시작한 일은 끝까지 최선을 다하여 목표한 바를 이루도록 노력해야 합니다.

논어에 이런 말이 나옵니다.
사람들이 흙을 운반하여 큰 산을 쌓아 올리고 있었습니다. 그리고 오랜 세월 동안 고생하여 마침내 흙 한 삼태기만 더 갖다 부으면 높고 훌륭한 산의 모습을 만들 수가 있게 되었습니다. 그러나 너무 지친 나머지 마지막 흙 한 삼태기를 갖다 부을 사람이라곤 한 사람도 없었습니다. 이유야 어찌 됐든 하던 일을 도중에 그만두었기 때문에 다 된 일을 눈앞에 두고 안타깝게도 그 뜻을 이루지 못한 것입니다.

우리나라 속담에 '떨어지는 물방울이 돌을 뚫는다.'고 했습니다.
한 가지 일을 꾸준히 하다 보면 성공하는 날이 온다는 뜻입니다.

한석봉 천자문으로 유명한 한석봉은 우리나라 최고의 서예가입니다.
어린 시절 어머니를 곁을 떠나 글씨 공부를 하러 갔다가 어머니가 너무 보고 싶어 중도에 포기하고 집으로 돌아왔습니다.
한석봉은 어머니께 글씨 공부를 다 마치고 돌아왔다고 하였지만, 어머니는 석봉이 정말 제대로 공부를 마쳤는지 알 수 없었습니다. 그래서 불을 끈 방에서 석봉에게 글을 쓰게 하고 어머니는 떡을 씁니다. 방안의 불을 켰을 때 석봉의 글은 삐뚤빼뚤 엉망이었지만 어머니는 오랜 세월 석봉의 뒷바라지를 위해 정성껏 떡을 썰어 가지런하고 반듯했습니다.
그 길로 석봉은 다시 집을 떠나 오랜 세월 글씨 공부에 전념하여 우리나라 최고의 서예가가 되었습니다.

이태백의 끊임없는 노력

중국 당나라 이태백이 젊었을 때 절에서 공부를 하는데 잘 되지 않아서 세월이 흐를수록 초조해졌습니다. 게다가 짜증과 싫증이 겹쳐 책상 앞에 앉기만 하면 골치가 아팠습니다. 태백은 여러 날을 고민하다가 더 견디지 못하고 짐을 싸들고 집으로 돌아가기로 작정을 하였습니다. 힘없이 터덜터덜 절간 대문을 나설 때였습니다. 느닷없이 머리가 하얗게 센 노인 한 분이 나타나서 커다란 쇠절굿 공이를 바위에 대고 갈고 있었습니다. 태백은 걸음을 멈추고 유심히 바라보다가 물었습니다.

"대관절 왜 그렇게 큰 쇠뭉치를 갈고 있는지요?"

노인은 고개도 들지 않고 퉁명스럽게 대답했습니다.

"바늘을 만들 작정이야."

"바늘을 만들어요? 그렇게 굵은 쇠뭉치로요?"

"쉬지 않고 갈다 보면 언젠가는 바늘이 되겠지."

"이상한 사람이구먼."

이태백은 중얼거리며 그 자리를 떠났습니다. 한참을 가다가 그는 갑자기 걸음을 멈추었습니다.

"반드시 무슨 이유가 있을 것 같은데……. 다시 가서 물어보아야지."

그는 잔걸음으로 되돌아갔습니다. 그러나 노인은 온데간데없었습니다.

"신선이 나를 깨우쳐 준 것이로구나."

학문이란 꾸준히 갈고닦아 노력을 거듭한 후에 빛이 나는 것이지, 불과 몇 년의 공부로 싫증을 느끼고 중도에 그친다는 것은 자포자기에 속한다.

이태백은 발걸음을 되돌려 절간으로 들어갔습니다. 그리고 마음을 가다듬어 공부를 계속했고, 드디어 중국 역사상 첫 손꼽히는 대시인이 되었습니다.

머리를 묶어 천장에 매달고 공부한 최치원

최치원은 12살 어린 나이에 당시 가장 강대국으로 문화가 발전한 당나라로 유학을 갔습니다. 신라에서는 신동 소리를 듣던 최치원이었지만 말도 안 통하는 당나라에서의 공부는 너무 힘들었습니다.

당나라는 학문이 가장 발달한 나라로 어린아이들도 일찍부터 글을 깨우쳐 영리하고 똑똑했습니다. 치원의 재주는 아무것도 아니었습니다.

'아 나는 우물 안 개구리였구나! 아는 것도 없으면서 잘난 척만 했어!'

하고 한숨을 쉬었지요. 그러고 나서 치원은 공부를 열심히, 아주 열심히 해야겠다고 다짐을 했습니다.

그러나 당나라 아이들을 이기려면 잠자는 시간도 아껴야 하는데 치원은 잠이 아주 많았습니다. 책을 읽다 보면 어느새 엎드려 자기 일쑤고 눈을 뜨면 아침일 때가 많았습니다.

잠을 쫓기 위해 온갖 방법을 다 써 보았지만, 효과가 없었습니다.

치원은 견디다 못해 당나라 아이들에게 물어보았습니다.

"너희들 혹시 졸음을 쫓는 방법 아는 것 없니?"

당나라 아이들은 평소에 치원을 신라 촌놈이라고 깔보고 있었습니다. 아니나 다를까, 한 아이가 치원을 놀려주려고 이렇게 말하였습니다.
"알다마다. 내 아주 좋은 방법을 한 가지 알고 있지, 천장에 끈을 늘어뜨려 머리를 묶는 거야."
그러고 나서 그 아이가 옆에 있는 친구에게 눈짓을 하자 그 아이도
"맞아 꾸벅 조는 순간에 머리가 확 당겨져서 잠이 싹 달아나."
그리고는 당나라 아이들은 낄낄거리고 가버렸습니다.
치원은 그 길로 시장에 가서 베를 끊어와 천장 대들보에 묶었습니다.
그리고 머리를 묶고는 책을 읽었습니다.

이튿날, 학당에는 치원이 천장에 끈을 매달아 책을 읽었다는 소문이 쫙 퍼졌습니다.
"이런, 머리카락 숫자가 확 줄었네! 이러다가 너 대머리 되는 것 아니니?"
한 이이가 치원을 놀리자, 옆에 있던 아이가 거들었습니다.
"애꿎은 머리카락 고생시키지 말고, 차라리 바늘 쌈지를 갖다 놓고 공부하지 그래? 졸음이 쏟아질 때마다 바늘로 쿡쿡 찌르는 거야. 무릎에 멍이 가실 날은 없겠지만 머리카락이 몽땅 빠지는 것보다야 낫잖아? 무릎은 옷으로 가려 보이지 않으니까 말이야."
아이들이 맞다며 박수를 치고 웃었습니다.
하지만 치원은 그 아이의 손을 덥석 잡으며 활짝 웃었답니다.
"그런 방법도 있었구나! 고맙다, 오늘 당장 해 보아야겠어."
그 뒤로 치원은 책상 위에 바늘 쌈지를 올려두고 공부를 하였습니다. 물론 머리도 천장에 묶고요.
당나라 아이들은 미련하다고 놀렸지만, 치원은 신경 쓰지 않았습니다. 다른 사람 눈이 무슨 상관이에요? 덕분에 골치 아픈 밤잠을 싹 몰아낼 수 있잖아요.
천장에 머리를 묶고 바늘로 무릎을 찔러가며 공부한 최치원은 18세 어린 나이에 장원급제를 하였습니다. 모두 독하다고 말할 정도로 열심히 공부를 한 덕분입니다.

출처: 햇살과 나무꾼, 옛날 사람들은 어떻게 공부했을까? 34-39

배움이란 것은 이렇게 노력하지 않으면 얻을 수가 없는 것입니다.

이처럼 인격교육에 힘썼던 많은 선인들은 어느 한쪽으로 치우치는 것을 우려하였습니다. 배우기만 하고 생각하지 않으면 얻음이 없고, 생각만 하고 배우지 않으면 위태롭습니다. 배움과 생각은 늘 서로를 부추겨 상승작용을 일으켜야 합니다. 그리고 끊임없는 노력이 이어져야 합니다. 그래야 자기발전이 있습니다.

* 논어에 나오는 다음 글을 외워봅시다.

子曰(자왈)	공자께서 말씀하시길
知之謂知之(지지위지지)	아는 것을 안다고 하고
不知謂不之(부지위부지)	모르는 것을 모른다고 하라!
是知也(시지야)	이것이 바로 아는 것이다.

6. 위대한 위인

세종대왕

세종대왕은 우리나라 최고의 성군으로 일컫는 훌륭한 임금님이십니다.

1397년 4월 10일 한양 준수방(지금 경복궁 서쪽)에서 태어나셨습니다. 어릴 때 이름은 충녕대군 도(陶)였습니다. 이도가 세종대왕의 본명입니다.

1419년 아버지 태종으로부터 왕위를 물려받아 조선의 네 번째 임금님으로 조선이란 나라의 기틀을 세우고 이후 5백 년 조선 왕실의 뼈대를 만드셨습니다.

세종대왕의 배움에 대한 끊임없는 노력

임금이 되기 전 병이 들어 몸이 편하지 못한 때에도 글 읽기를 계속하였습니다. 그러자 병이 덧나 점차 심해져서 태종 임금이 내시를 시켜 책을 모두 거두어다 감추고 읽지 못하게 하였습니다. 그러나 요행히 병풍 사이에 책이 한 권 끼어 있는 것을 발견하곤 그 책을 무려 일천 번을 읽었다고 합니다.

그리고 임금이 된 이후 경연 자리를 통하여 신하들과 항상 공부를 하며 백성들을 어떻게 하면 배부르고 편안하게 살 수 있게 할 것인가를 생각하였습니다. 날마다 새벽 두 시쯤 일어나 옷을 입고, 이른 아침에 신하들에게 인사와 보고를 들을 것을 처리하고, 다음에는 신하를 번갈아 만나보고, 다음에는 경연을 열어 공부를 하고, 그러고도 오히려 부족한 듯 책을 보기를 조금도 게을리하지 않았습니다.

세종임금님은 늘 말하기를,

"나는 책을 보되 눈으로 한 번 거친 것은 잊은 적이 없다."

라고 말씀하실 만큼 총명스럽고 글을 좋아함이 남달리 유난하였습니다. 그리하여 좌우의 신하들에게도 자신 있게 이렇게 말씀하셨습니다.

"내가 궁중에 있으면서 손을 거둔 채 한가로이 앉아 있었던 적이 있는가?"

세종 임금은 총명에 노력을 더하여 항상 글을 읽되 행여 소홀하지 않은가 하여 반드시 백 번씩을 채워 읽었습니다.

백성을 위해 늘 공부하고 생각하며 혼자서 독단적으로 백성들에게 해가 될 만 한 명을 내린 적이 없으니 백성들의 삶이 풍요로워질 수 있었습니다.

세종 임금의 훌륭한 업적은 셀 수없이 많지만 가장 큰 업적은 우리가 지금 사용하고 있는 한글을 만든 것입니다. 당시 진서라고 하여 지금의 한문을 사용하고 있었는데 글을 배우기 힘들고, 우리말과 달라 표현하기가 힘들어 대부분의 백성들은 익히기에 너무 어려운 글이었습니다.

백성들이 익히고 사용하는데 편리하게 하기 위해 직접 집현전 학사들과 언문을 만들어 백성들이 사용하게 하였습니다.

이렇게 우리 민족의 언어인 한글을 만들 만큼 세종 임금은 공부를 많이 하시고 그 지식을 백성들을 위하여 써셨습니다.

세종대왕의 선정

세종 12년 임금님은 신하들에게

'옛적에 관가의 여종에게는 7일간의 출산 휴가를 주어왔다. 그러나 이렇게 하면 어린아이와 어미에게 해로움이 매우 많기에, 내가 일찍이 100일간의 휴가를 더 주게 하였는데, 해산할 시기가 다 찰 때까지 일을 하다가 몸이 지치면 제집에 이르기 전에 아이를 낳는 경우가 있을 것이다. 그러하니 해산할 시기에 당하여 그 이전으로 또 1개월 동안 휴가를 더 주어 복무를 면제해 주도록 하면 좋을 것이다.'고 하였습니다. 이후 관가의 노비에겐 출산휴가가 더 늘어나고 산모가 편안하게 출산을 할 수 있게 되었습니다.

과거에 관가에 소속된 노비들은 일반 백성들과 달라 출산을 할 때도 자유롭게 시간을 쓸 수가 없었습니다. 그러다 보니 아이를 낳을 때 힘든 일을 하며 출산을 하는 고통까지 견뎌야 하니 산모의 고통이 매우 컸습니다. 세종 임금님은 천한 노비에게까지 백성으로서 애정을 다 쏟았습니다.

그리고 죄 있는 자들을 다스릴 때도 사형에 해당하는 죄는 반드시 세 번 심사를 거쳐 세

밀하게 조사하게 하여 억울하게 죽는 이가 없도록 하였고, 죄수의 등줄기를 매로 치는 것을 금하였으며, 주인이 노비를 사사로이 벌주고 때리는 것을 온 나라에 걸쳐 철저히 금하였습니다.

한여름 삼복중에 죄수들이 감옥에서 더위를 먹을 것을 염려하여 감옥 속에 큰 동이를 준비해 놓고 냉수를 가득 부어 주어 더위를 먹지 않도록 세심히 살펴 주었으니, 이는 모두 세종 임금이 죄 있는 백성이나 죄 없는 백성을 가리지 않고 고루 사랑하는 자식처럼 여기는 마음에서 하신 일입니다.

세종실록에는 세종임금에 대하여 다음과 같이 기록되어 있습니다.

'임금은 슬기롭고 도리에 밝으매, 마음이 밝고 뛰어나게 지혜롭고, 인자하고 효성이 지극하며, 용감하게 결단하였다. 세자로 있을 적부터 배우기를 즐겨 게으르지 않아, 손에서 책이 떠나지 않았다.

임금이 되어서도 날마다 4경(새벽 3시)이면 옷을 입고, 날이 밝으면 조회를 받은 다음 정사를 보고, 대신들을 차례로 만나 의론을 마치고는 경연에 나아가되 한 번도 게으른 적이 없었다. 집현전을 두어 글 잘하는 선비를 뽑아 고문으로 하고, 힘써 정신 차려 다스리매 처음과 나중이 한결같아, 문(文), 무(武)의 정치가 빠짐없이 잘되었고, 구족과는 도탑게 화목하였으며, 두 형에게 우애하니, 남들이 이간질하지 못하였다. 신하를 부리기를 예로써 하고, 간언이 올라오면 어기지 않았으며, 이웃 나라를 신의로써 대하였다. 인륜에 밝고 모든 사물에 자상하니, 남녘과 북녘이 복종하여 나라 안이 평안하여, 백성들의 삶을 즐긴 지 무릇 30여 년이었다. 거룩한 덕이 높고 높으매, 사람들이 어찌 이름하여야 할지 몰라, 당시에 해동의 요순이라 불렀다.

이에 삼가 시호를 높여 올리기를 '영무 예무 인성 명효 대왕'이라 하고, 묘호를 '세종(世宗)'이라 하였으니, 우러러 생각하건대, 아름다우신 영혼께서는 굽어보시어 대대로 변함없는 큰 이름을 누리시고, 순전한 복을 펴 주시와 무궁한 세대를 도와주소서.'

우리 모두 세종대왕의 지혜롭고 어지신 모습을 본받아 배우고 생각하는 데 노력을 기울여야 합니다.

권율 장군

행주산성과 행주대첩비 사진

지혜로 왜적을 이긴 세마대

지금의 오산시에는 독산산성이란 성이 있습니다.

임진왜란 당시 권율 장군이 한양으로 올라가는 길에 이곳에 주둔하여 왜병에게 포위를 당하게 되었습니다.

독산산성은 크고 높지 않은 흙산으로 물이 부족하여 장기간 싸움을 할 수 없는 곳인데, 왜병은 산성을 포위하고 물이 떨어져 물 부족으로 이탈병도 나오고 쉽게 성이 함락될 것으로 생각하고 장기전을 펼치고 있었습니다.

그러나 권율 장군은 적의 의중을 간파하곤 지략을 짜내었습니다. 왜병이 보이는 산 위에서 말을 끌어다 흰 쌀로 말을 씻기는 시늉을 하였습니다.

왜군은 성안에 말을 씻길 정도로 물이 많은 것으로 알고, 헛되이 공격하다 위험할 것으로 판단하고 포위를 풀고 물러났다고 합니다. 상대가 알고 있는 부분의 허점을 이용해 싸움에서 이긴 것입니다.

독산산성에 있는 세마대지

아궁이의 재를 무기로 사용

독산산성에서 적을 퇴각시키고 그 병력들을 온전히 데리고 행주산성으로 진군해온 권율 장군은 임진왜란 삼대 대첩의 하나인 행주대첩이란 대승을 이룹니다.

행주산성에서 싸울 때 왜군에 비해 군사의 수가 너무 부족했습니다. 그러나 여러 가지 지혜를 써서 수적으로 월등했던 왜군을 물리치는 전공을 세웁니다. 그중 하나가 왜군 쪽으로 바람이 불면 잿가루를 바람에 날려 왜군의 눈에 재가 들어가 눈을 못 뜨게 하는 것이었습니다. 어느 집이나 아궁이에 많이 쌓여 있는 재를 가져다 중요한 무기로 사용한 것입니다. 아무것도 아닌 재를 무기로 사용하는 지혜로 전쟁의 공포와 어려움 속에 있던 백성들에겐 큰 승리의 기쁨을 주었습니다.

知彼知己 百戰不殆 (지피지기 백전불태)

적을 알고 나를 알면 백 번 싸워도 위태롭지 않다.

7. 우리나라의 상징

국기-태극기

◆ 태극기는 언제 만들어졌을까

우리나라의 국기는 태극기라고 부릅니다. 우리나라에서 국기가 처음 만들어진 것은 지금으로부터 140여 년 전인 조선말 고종 임금 때입니다. 일본은 조선이 문호를 개방하지 않자 운요호를 앞세운 군함 30척을 보내 강화도 초지진에서 큰 싸움을 벌였습니다. 강화도 초지진이 파괴되고 조선은 많은 피해를 입었으나 일본은 이 싸움의 책임을 조선 측에 떠넘겨 개항을 강요하였습니다.

일본은 엄연히 일본 국기를 단 운요호를 왜 공격했느냐고 따졌고, 그때까지 국기가 없었을 뿐 아니라 그 중요성을 알지 못했던 조선은 도리 없이 강화도조약을 맺고 일본에 문호를 개방할 수밖에 없었습니다.

운요호 사건으로 말미암아 국기의 필요성을 깨달은 조선 조정에서는 국기를 만들어야 한다는 데 의견이 모아졌습니다. 1882년 수신사가 되어 일본으로 가는 길에 박영효가 처음으로 국기를 만들었습니다. 이것이 바로 태극무늬와 4괘가 그려진 태극기의 시초입니다. 1883년 1월 27일, 고종은 태극기를 우리 국기로 정한다고 백성들에게 알렸습니다. 이후 태극기가 널리 보급되었으며 여러 차례 모양을 바꾸어 사용하다, 1948년 대한민국 정부 수립과 함께 국기의 도안과 규격이 통일되었고 이듬해 정식 국기로 제정되었습니다.

◆ 태극기는 어떠한 의미를 가지고 있을까

흰 바탕 우리 민족이 좋아하는 색으로 백의 민족을 뜻하며 깨끗함, 순박함, 평화를 나타냅니다.

원 태극무늬를 둘러싸고 있는 원은 우주를 상징하며, 단일성, 원만함, 통일성을 나타냅니다.

태극 위쪽(빨간색) 부분은 양의 세계, 아래쪽(파란색) 부분은 음의 세계를 나타내며, 서로 맞물려 돌아가는 모습으로 양과 음의 세상 모든 만물을 탄생시킴을 상징하고, 우리 민족의 무궁한 발전과 창조 정신을 나타냅니다.

4괘

괘	설명	괘	설명
건 ☰	자연: 하늘을 나타냅니다. 계절: 봄 방위: 동쪽 뜻: 너그럽고 어짐(인:仁)	곤 ☷	자연: 땅을 나타냅니다. 계절: 여름 방위: 서쪽 뜻: 이로움(의: 義)
감 ☵	자연: 달을 나타냅니다. 계절: 겨울 방위: 북쪽 뜻: 지혜(지: 智)	리 ☲	자연: 해를 나타냅니다. 계절: 가을 방위: 남쪽 뜻 : 예의(예:禮)

◆ 국기는 언제 게양할까

국기는 국가에서 지정한 경축일 등에 게양합니다.

경축일: 1월 1일(설날), 3월 1일(3.1절), 7월 17일(제헌절), 8월 15일(광복절), 10월 1일(국군의 날), 10월 3일(개천절), 10월 9일(한글날)

조의를 표하는 날: 6월 6일(현충일), 국장 기간, 국민장일

그밖에 정부가 따로 지정하는 날

◆ 국기를 일 년 내내 게양해야 하는 곳은 어디일까요

국가 기관과 지방 자치 단체, 공공 단체의 청사, 각급 학교, 국제 공항, 항구, 호텔 등 국제적인 교류 장소나 대형 건물, 공원 등 많은 사람이 드나드는 곳, 주요 정부 청사의 울타리 및 기타 많은 게양대가 함께 설치된 곳은 되도록 연중 국기 게양을 권장합니다.

국기에 대한 맹세

나는 자랑스러운 태극기 앞에 자유롭고 정의로운 대한민국의
무궁한 영광을 위하여 충성을 다할 것을 굳게 다짐합니다.

태극기 그리는 법

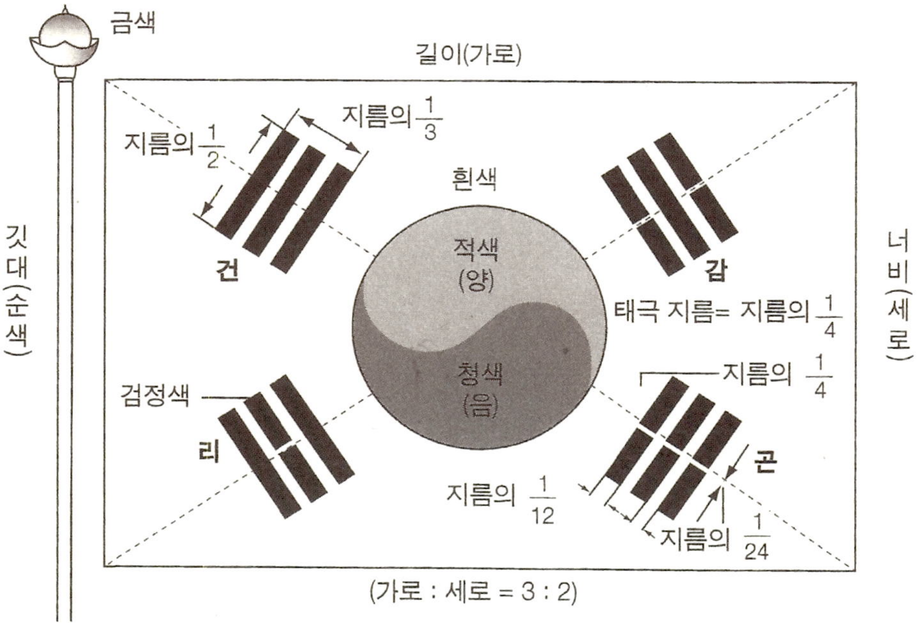

태극기를 색칠해보세요.

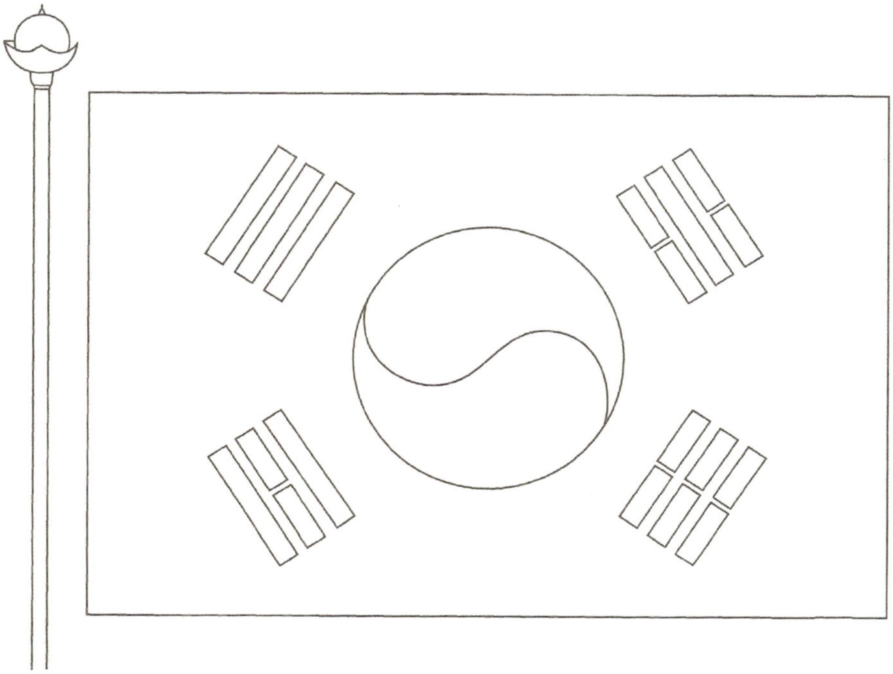

국화(國花) – 무궁화

◆ 무궁화에 대한 기록은 언제부터일까

최치원이 당나라에 보낸 국서에서 신라를 근화향(槿花鄕: 무궁화의 나라)이라 하였고, 『구당서』에도 같은 기록이 있을 정도로 우리 민족과 역사를 함께 한 꽃입니다. 1907년 애국가에서 '무궁화 삼천리 화려 강산~' 이라고 불리면서부터 한국의 꽃으로 지정되었습니다.

◆ 무궁화는 어떤 의미의 꽃일까

꽃말은 일편단심, 은근과 끈기를 나타냅니다.

추위에 강하고 소나무, 자작나무, 버드나무처럼 햇빛을 좋아합니다.

아침 일찍 꽃이 피었다가 저녁이 되면 시들어 떨어지는 것이 일반적이나, 여름부터 가을에 이르기까지 새로 난 가지의 밑에서 위로 향하면서 차례차례 꽃을 피워내기 때문에 오랫동안 꽃이 피어 있는 것으로 보입니다.

우리나라 방방곡곡에는 무궁화가 지천으로 피었습니다. 집집마다 가장자리에 무궁화 꽃을 심어 울타리로 삼았습니다. 일본이 우리나라를 지배하고 있을 때 무궁화를 많이 없애 버렸을 뿐 아니라 아파트 위주의 주거 공간의 변화 등으로 지금은 숫자가 많이 줄었지만 그리 어렵잖게 찾아볼 수 있는 꽃입니다.

◆ 어떤 무궁화가 표준 나라꽃일까

우리나라에는 1백여 품종의 무궁화가 자라고 있는데, 꽃 색깔에 따라 단심계, 배달계. 아사달계 등으로 크게 분류됩니다. 정부는 이들 가운데서 꽃잎 중앙에 붉은 꽃심이 있는 단심계(丹心系) 홑꽃을 보급 품종으로 지정하였습니다.

◆ 우리 주위에서 무궁화가 피어 있는 곳을 찾아보세요.

◆ 무궁화를 색칠해 보세요.

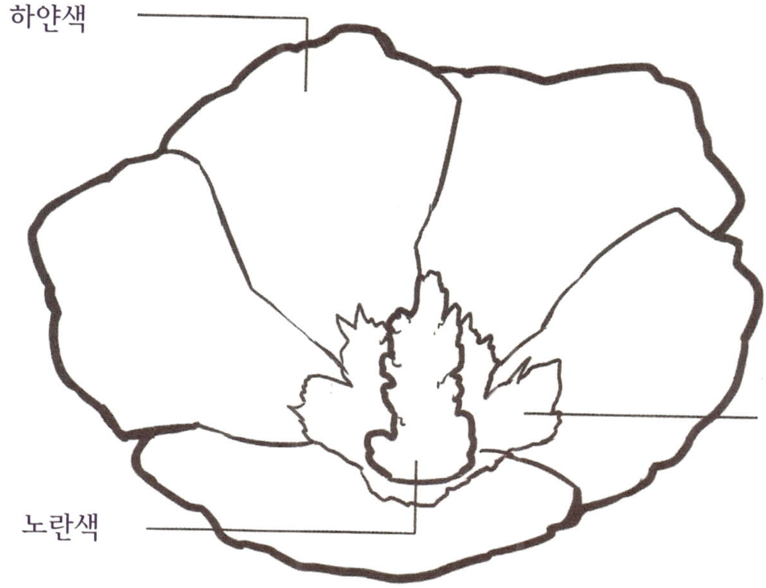

국가(國歌) – 애국가

애국가는 우리나라의 국가(國歌)입니다. 학교에는 교가가 있고 회사에는 사가가 있듯이 국가에는 나라를 상징하는 노래가 있습니다. 우리나라 애국가는 '나라를 사랑하는 노래'라는 뜻에서 붙인 이름입니다.

우리나라 국민 모두는 애국가를 부르면서 나라 사랑하는 마음을 북돋웁니다.

◆ 애국가를 작곡한 안익태 선생 이야기

자연스럽게 피는 무궁화와는 달리 애국가는 처음 만드신 분이 계십니다.

애국가를 작곡한 사람은 안익태 선생입니다. 선생은 평생 세계 각국을 돌아다니면서 여러 나라 사람들에게 한국의 예술혼을 심어 주기 위하여 많은 노력을 기울였습니다.

스페인에서 마지막 숨을 거둘 때까지도 선생의 조국에 대한 뜨거운 사랑은 식을 줄 몰랐습니다.

선생이 미국에 갔을 때 있었던 일입니다.

어느 일요일, 선생은 샌프란시스코에 있는 한인 교회 예배에 참석했습니다. 그런데 그곳에서 교포들이 태극기를 걸어 놓고 「올드 랭 싸인」의 곡조에 맞춰 애국가를 부르고 있었습니다. 그때 우리나라 사람들은 서양의 유명한 곡에 우리 노랫말을 붙여 노래 부르는 일이 많았습니다. 우리 노랫말에 알맞은 작곡을 하지 못했기 때문입니다. 이것을 보고 선생은 크게 놀랐습니다.

"도저히 이럴 수는 없다. 「올드 랭 싸인」을 빌려 애국가를 부르다니 참으로 부끄러운 일이다. 내가 우리 민족이 부를 수 있는 애국가를 하루라도 빨리 작곡해야겠다."

이렇게 다짐한 선생은 그 날부터 애국가를 작곡하기 위하여 많은 노력을 기울였습니다.

마침내 오랜 노력 끝에 선생은 애국가의 앞부분을 작곡하였습니다. 그리고 '무궁화 삼천리 화려 강산……'으로 부르는 후렴은 오랜 고민 끝에 1935년 헝가리의 부다페스트 음악학교에 재학할 때에야 비로소 완성할 수 있었습니다. 이렇게 해서 오늘날 우리 국민이 부르고 있는 애국가가 작곡된 것입니다.

"애국가는 내가 작곡한 곡이 아닙니다. 그것은 하느님의 선물입니다. 나는 다만 하느님께, 애국가를 지을 수 있도록 영감을 받아 그것을 우리 민족에게 전한 것뿐입니다."

선생은 항상 이렇게 이야기 했다고 합니다.

◆ 애국가 가사

1절	2절
동해 물과 백두산이 마르고 닳도록 하느님이 보우하사 우리나라 만세 무궁화 삼천리 화려 강산 대한 사람 대한으로 길이 보전하세	남산 위에 저 소나무 철갑을 두른 듯 바람 서리 불변함은 우리 기상일세 무궁화 삼천리 화려 강산 대한 사람 대한으로 길이 보전하세
3절	**4절**
가을 하늘 공활한데 높고 구름 없이 밝은 달은 우리 가슴 일편 단심일세 무궁화 삼천리 화려 강산 대한 사람 대한으로 길이 보전하세	이 기상과 이맘으로 충성을 다하여 괴로우나 즐거우나 나라 사랑하세 무궁화 삼천리 화려 강산 대한 사람 대한으로 길이 보전하세

8. 주자십회훈(朱子十悔訓)

우리는 때때로 지난 일에 대해 후회하곤 합니다. 옛날 사람들은「주자십회훈」을 늘 외우면서 후회하는 일이 없도록 애를 썼답니다. 여러분도「주자십회훈」을 마음속에 새겨 후회하는 일이 생기지 않도록 노력하세요.

不孝父母死後悔(불효부모사후회)
부모에게 효도하지 않으면, 돌아가신 후에 뉘우친다.

不親家族疏後悔(불친가족 소후회)
가족에게 친절하게 대하지 않으면, 멀어진 뒤에 뉘우친다.

少不勤學老後悔(소불근학 노후회)
젊을 때 부지런히 배우지 않으면, 늙어서 뉘우친다.

安不思難敗後悔(안불사난 패후회)
편안할 때 어려움을 생각하지 않으면, 실패한 뒤에 후회한다.

富不儉用貧後悔(부불검용 빈후회)
부유할 때 아껴 쓰지 않으면, 가난하게 된 후에 후회한다.

春不耕種秋後悔(춘불경종 추후회)
봄에 밭 갈고 씨 뿌리지 않으면, 가을이 된 후에 후회한다.

不治垣墻盜後悔(불치원장 도후회)
담장을 미리 고치지 않으면, 도둑맞은 후에 후회한다.

色不謹愼病後悔(색불근신 병후회)
이성을 삼가지 않으면, 병든 후에 후회한다.

醉中妄言醒後悔(취중망언 성후회)
술 취해서 망언한 것은, 술 깨고 난 후에 후회한다.

不接賓客去後悔(부접빈객 거후회)
손님을 잘 대접하지 않으면, 손님이 떠난 후에 후회한다.

9. 삼강오륜

삼강오륜은 아주 옛날 중국의 한나라 때 동중서란 분이 공자님과 맹자님의 말씀에 따라 만든 데서 유래했는데 중국과 한국에서 사회의 기본 윤리로 존중되어 왔으며 지금도 일상 생활에 깊이 뿌리박혀 있는 윤리 도덕입니다.

▶ 三綱(삼강)

君爲臣綱(군위신강) 신하는 임금을 섬기는 것이 근본이고
父爲子綱(부위자강) 아들은 아버지를 섬기는 것이 근본이고
夫爲婦綱(부위부강) 아내는 남편을 섬기는 것이 근본이다.

▶ 五倫(오륜)

君臣有義(군신유의) 임금과 신하는 의리가 있어야 하고
임금은 하늘의 근본 원리를 깨달아서 나라를 다스리는 사람이고, 신하는 그 원리를 조화시켜 착한 일을 시행하고 악한 일을 막는 사람입니다.
임금으로서 임금의 도리를 다하지 못하고, 신하로서 신하의 직책을 다하지 못한다면 세상과 나라를 잘 다스리지 못할 것입니다. 그러므로 신하는 임금을 섬기는 데 충성을 다해야 합니다.

父子有親(부자유친) 아버지와 아들은 친함이 있어야 하며
어버이와 아들딸 사이에는 사랑이 있어야 합니다. 어버이는 아들딸을 낳아서 기르고 사랑하며 가르치고, 아들딸은 어버이를 받들어 뒤를 잇고 효도하며 봉양해야 합니다.
어버이는 올바른 방법으로 아들딸을 잘 가르쳐서, 옳지 않은 데로 빠져들지 못하게 하고, 아들딸은 어버이에게 혹 잘못이 있으면 부드러운 목소리와 공손한 태도로 말씀드려 어버이의 잘못이 많은 사람의 구설에 오르지 않게 해야 합니다. 세상에 혹시 어버이로

서 자기 아들딸을 잘 보살피지 못하고, 아들딸이 되어 어버이를 잘 모시지 않는 사람이 있지만 그렇더라도 허물이 부모에게 돌아가게 해서는 안 됩니다. 어버이가 비록 인자하지 않더라도 아들딸로서 효도를 다하지 않으면 안 되는 것입니다.

옛 성현들은 세상에는 벌을 받아야 할 죄가 3천 가지도 넘지만, 자식으로서 부모에게 효도하지 않는 것보다 큰 죄는 없다고 말씀하셨습니다.

夫婦有別(부부유별) 남편과 아내는 분별이 있어야 하며

남편과 아내는 서로 다른 두 사람이 만나 가정을 이루어 자녀를 낳고 행복하게 살아가는 생활의 근원입니다.

그러므로 결혼은 신중하게 이루어져야 하며, 결혼하게 되면 서로의 인격을 존중하고 이해와 사랑을 바탕으로 행복한 삶을 꾸려가도록 노력해야 합니다. 남편이 그 가정을 올바른 도리로 이끌지 못하고 아내가 남편을 올바른 도리로 돕지 않아서 잘못되는 일이 생긴다면, 집안의 법도가 어그러져 어지러워질 것입니다.

그러므로 남편은 자신의 몸가짐을 바로잡아 아내를 참다운 사랑으로 인도하고, 아내는 자신의 몸가짐을 바로잡아 남편을 미덥게 돕는다면 부부가 지절로 화평하게 되어 부모님 역시 기뻐하실 것입니다. 옛 성현들은 사람답게 사는 도리는, 남편과 아내의 평화로운 가정 생활로부터 시작된다고 말씀하셨습니다.

長幼有序(장유유서) 어른과 어린이는 차례가 있어야 하고

어른과 아이 사이에는 정해진 차례가 있습니다. 먼저 형은 형답게 형 노릇을 잘하여 모범을 보여야 하고, 아우는 아우답게 형을 존경하고 따라야 합니다. 어른과 아이의 도리는 여기에서부터 생겨나는 것입니다.

어른은 어른답게 행동하여 아이를 사랑하고, 아이는 아이답게 행동하여 어른을 공경해야 합니다. 그래야만 어른이 젊은이를 업신여기거나 젊은이가 어른을 업신여기는 폐단이 없어지고, 사람으로서 지켜야 할 도리가 바로잡힐 것입니다. 더구나 형과 아우는 한 어버이의 피를 나누고, 뼈와 살을 나누어 받은 가까운 사이입니다. 그러므로 마땅히 형은 아우를 사랑하고 아우는 형을 공경해야 합니다. 조금이라도 노여움을 갖거나 원망을 품어서 하늘이 준 마땅한 도리를 잘못되게 해서는 안 됩니다.

옛 성현들은 어려서는 어버이를 사랑할 줄 알아야 하고, 자라서는 형을 공경할 줄 알아야 한다고 말씀하셨습니다.

朋友有信(봉우유신) 벗과 벗은 믿음이 있어야 한다.

벗과 벗은 같은 또래의 사람인데, 세 가지의 이로운 벗이 있고, 세 가지의 해로운 벗이있습니다.

정직한 사람, 미더운 사람, 지식이 많은 사람을 벗하면 자신에게 이롭고, 형식만 차려 진실성이 없는 사람, 남의 환심만 사는 성실성이 없는 사람, 말로만 아는 체하고 실속이 없는 사람을 벗하면 자신에게 해롭습니다.

벗이란 서로 훌륭한 덕을 벗 삼는 것입니다. 세상 누구나가 그 벗을 믿고 사귐으로써 좋은 일이 이루어집니다.

이러한 까닭으로 벗은 반드시 단정한 사람과 자기보다 나은 사람을 가려 사귈 것이며, 벗이 혹 잘못하는 일이 있으면 착한 행실을 하도록 권하고 간절한 마음으로 그런 잘못을 하지 않도록 충고하여 바른길로 인도해야 합니다.

벗과 사귀며 놀 때는 훌륭한 지식과 착한 행실을 서로 잘 갈고 닦아야 합니다. 그저 서로 어울리며 쓸데없는 놀이와 익살로만 친해진다면 어찌 오래 사귈 수 있겠습니까? 벗을 잘 사귀는 도리는 공경을 으뜸으로 하고, 미더워야 한다고 옛 성현들은 말씀하셨습니다.

-박세무의「동몽선습」에서

10. 효(孝)

효는 행인(行人)의 근본이다. – 공자

사람은 누구나 부모님이 계셔서 이 세상에 태어납니다.
아버지 어머니도 할아버지 할머니가 계셨기 때문에 이 세상에 태어날 수 있었던 것입니다. 그래서 오늘날 나를 있게끔 해 주신 분들께 대한 감사를 표시하는 것입니다. 이런 감사의 표시나 은혜를 갚는 일은 사람만이 할 수 있습니다. 효도를 하는 데는 겉으로 하는 물질적인 효도와 속으로 하는 정신적인 효도가 있습니다. 물질적인 효도는 경제적으로 어려움을 겪지 않게 하는 효도라면 정신적인 효도는 경제적으로는 넉넉하지는 않더라도 정성껏 잘 섬기고 언제나 마음을 편하게 해 드리는 효도입니다.
공자님은 겉으로 드러나는 물질적인 효도보다는 속으로 편하게 받드는 정신적인 효도를 더 높이 생각하셨습니다. '부모님께 음식을 마련해 드리는 것만으로 효도라고 생각하지 말라. 먹여서 기르는 개나 말도 마찬가지다. 부모는 물론 잘 받들어야 하지만 공경을 해야 한다.'고 말씀하시며 효도를 강조하셨습니다.

옛 이야기 속의 효

▶ 어머니를 위하여 종이 된 지은

신라 시대 때, 지은이란 처녀가 살았습니다. 지은의 아버지는, 그녀가 아주 어렸을 때 돌아가셨습니다. 돌보아 주는 사람도 없었기 때문에 지은은 어머니와 함께 가난하게 살았습니다. 그런데 어느 날 어머니마저 이름 모를 병으로 앓아눕게 되었습니다.
그녀는 아침 일찍부터 저녁 늦게까지 남의 집 일을 거들어 주고 얻어 온 곡식으로 어머니를 모셨습니다. 그렇지만 일거리가 날마다 있는 것은 아니었습니다. 그래서 어머니의 약을 지어 드리기는커녕 끼니를 거르는 날이 더 많았습니다.
"하루 세 끼 진지를 지어 드리는 것도 힘든데, 약 살 돈은 더욱 엄두를 못 내겠구나. 그래, 어머니의 병을 고치기 위해서는 어쩔 수 없어."
그녀는 부잣집 여종으로 들어갔습니다. 다행히 그 집에서는 지은이의 딱한 사정을 알고 배려해 주었기 때문에 그녀는 어머니께 아침저녁으로 따뜻한 밥을 지어 드리고 약도 사다 드릴 수 있게 되었습니다.

어느 날 어머니가 말씀하셨습니다.

"그전에는 음식이 거칠어도 맛있었는데, 요즈음에는 기름진 음식을 먹어도 맛있는 줄 모를 뿐 아니라, 가슴을 도려내듯 아프니 무슨 까닭인지 모르겠구나. 나 모르는 무슨 일이 있느냐?"

그녀는 차마 어머니께 거짓말을 할 수가 없어서 사실대로 남의 집 여종이 되었다는 것을 말씀드렸습니다.

"늙고 병든 어미가 분수에 넘게 오래 살고 있어서 나이 찬 네가 시집도 못 가고 남의 집 여종살이를 하고 있구나. 아, 이 일을 어쩌면 좋은가. 어서 빨리 내가 죽느니만 못하구나."

지은이, 남의 집 여종이 되었다는 말을 듣자 그녀의 어머니는 방바닥에 머리를 찧으며 통곡했습니다. 그것을 보고 그녀도 어머니를 붙들고 대성통곡을 했습니다.

그때 효종이라는 화랑이 길을 지나다가 우연히 그 울음소리를 듣게 되었습니다.

"한밤중에 웬 여인네 울음소리란 말인가? 괴이한 일이로구나."

그는 울음소리가 나는 곳을 찾아갔습니다. 효종은 방문 밖에서 모녀의 울음소리를 듣다가 그들의 딱한 사정을 모두 엿듣게 되었습니다.

"참으로 딱한 일이구나."

효종은 집으로 돌아와 부모님께 모녀의 딱한 사정을 말씀드렸습니다. 그리고 곡식 1백 섬과 의복을 보내 주도록 청했습니다. 그리고 그는 지은을 여종으로 삼은 부잣집을 찾아갔습니다.

부잣집 주인도 화랑 효종의 뜻에 찬성해서 지은을 자유의 몸이 되도록 풀어 주었습니다. 이 소식은 순식간에 나라 안에 널리 퍼졌습니다.

"우리도 지은 처녀를 도와 주자."

"우리도 돕겠소."

화랑 천여 명이 각각 곡식을 한 섬씩 보내 주었습니다.

임금님도 이 소식을 듣고 갸륵한 그녀에게 벼 5백 석을 보내 주었을 뿐 아니라 어의를 보내 어머니의 병환을 다스리도록 했습니다.

▶자기 아들을 묻으려 한 손순

손순(孫順)은 모량리(牟梁里) 사람으로서 아버지는 학산(鶴山)이었습니다. 아버지가 세상을 떠나자 그는 아내와 함께 남의 집에 품을 팔아 늙은 어머니를 봉양했습니다.

손순에게는 어린아이가 있었는데, 언제나 어머니의 음식을 빼앗아 먹으므로 손순은 이를 민망히 여겨 그 아내에게 이렇게 말했습니다.

"여보, 아이는 다시 얻을 수 있지만 어머니는 다시 얻기 어렵소. 이제 아이가 저렇게 어머니 음식을 빼앗아 먹으니 어머니의 굶주림이 얼마나 심하겠소? 차라리 이 아이를 땅에 묻어 버려서 어머니를 배부르게 해 드리는 것이 좋겠소."

손순은 아이를 업고 취산(醉山) 북쪽 들판으로 가서 땅을 팠습니다. 얼마간 땅을 파 들어갔는데, 거기에서 기이한 석종(石鐘)이 나왔습니다. 손순 내외는 놀라고 이상히 여겨 나무 위에 걸고 그 종을 쳐보았습니다. 종소리가 어찌나 은은하고 고운지 마치 하늘에서 들려오는 소리 같았습니다.

"이처럼 기이한 물건을 얻은 것은 아이의 복 같으니 도로 데리고 갑시다."

아내의 말에 남편 역시 그렇게 생각하여 아이와 함께 종을 가지고 집으로 돌아왔습니다.

손순 내외는 종을 들보에 달고 두드렸는데 종소리가 대궐에까지 울려퍼졌습니다.

종소리를 들은 흥덕왕(興德王)이 이렇게 분부를 내렸습니다.

"서쪽 교외에서 이상한 종소리가 나는데 더없이 맑고 은은하게 들리니 속히 조사해보라."

명을 받은 신하가 손순의 집까지 찾아가 앞뒤 사정을 자세히 아뢰었습니다.

"옛날 곽거(郭巨: 손순처럼 땅을 파다가 금솥을 얻은 중국 사람)가 아들을 파묻으려 할 때 하늘이 금솥을 내렸다더니, 손순이 그와 똑같은 사정으로 아이를 묻으려다 석종을 얻었으니 이 두 효도는 천지에 똑같은 본보기로다."

홍덕왕은 신하들에게 그렇게 말하며, 집 한 채와 해마다 곡식 50석을 내리게 함으로써 그 지극한 효성을 높이 기렸습니다.

이에 손순은 전에 살던 집을 절로 만들어 이름을 홍효사(弘孝寺)라 하고 석종을 모셨습니다.

진성왕 때에 후백제의 사나운 도둑이 그 마을에 쳐들어와, 종은 없어지고 절만 남게 되었습니다. 그 종을 얻은 곳의 지명이 완호평(完乎坪)이었는데, 잘못 전해져서 지량평(枝良坪)으로 부르게 되었다고 합니다.

11. 우애, 우정

우애-형제간의 사랑

우정-친구간의 사랑

우애

형제는 부모로부터 같은 몸을 받아 태어났습니다. 그래서 한 몸과 같다고 합니다. 그러므로 형제들끼리는 한 몸처럼 구별이 없어야 합니다. 먹는 음식은 물론이고 입는 옷도 같아야 합니다. 형은 굶고 있는데 동생은 배부르고, 동생은 헐벗어 추위에 떨고 있는데 형은 따뜻하게 입고 있다면 참으로 부끄러운 일입니다. 이는 마치 몸뚱이 가운데 한쪽은 병이 들고 한쪽은 건강한 것과 마찬가지입니다. 요즘 사람들이 형제간에 서로 사랑하지 않는 것은 부모님을 사랑하지 않는 데서 비롯됩니다. 부모님을 사랑하는 마음이 극진하다면 어찌 형제간에 서로 사랑하지 않겠습니까?

형제가 만약 사이가 나쁘거나 착하지 못한 행실이 있다면 마땅히 정성껏 타일러 알아듣도록 말해야 합니다. 이때도 화난 얼굴로 심하게 꾸짖어서 형제간의 우애를 깨뜨려서는 안 됩니다.

「격몽요결」

우정

살아가면서 우리는 친구를 사귀게 됩니다. 친구끼리는 서로 정을 주고받으며 서로 도와가며 삽니다. 그러나 이 세상 수많은 사람 중에서 서로 만나 정답게 사귀며 살아갈 수 있는 친구는 그리 많지 않습니다. 율곡 선생은 친구를 사귀는 데 조심할 일을 다음과 같이 말씀하셨습니다.

"친구를 사귀는 데는 여러 가지 조심할 일이 있습니다. 첫째, 학문을 좋아하고 착한 것을 좋아하는 사람이어야 합니다. 둘째, 행동이 바르고 엄숙해야 합니다. 셋째 마음이 정직하고 모든 일에 성실한 사람이어야 합니다. 이런 친구를 사귀면서 그 친구가 하는 충고는 무엇이나 마음속에 거리낌 없이 받아들여 자신의 잘못된 생각이나 행동을 고쳐 나가야 합니다. 만약 게으르고 정직하지 못하며, 남의 비위나 맞추는 친구를 사귀게 되면, 그만큼 자신의 행동도 나빠지는 것입니다."

「격몽요결」

옛 이야기 속의 우애

▶ 우애가 없어 나라를 망하게 한 남생 형제

고구려의 대막리지 연개소문이 죽고 나자 큰아들인 남생이 그 뒤를 이어 고구려를 다스렸습니다. 그때는 고구려를 정복하려고 호시탐탐 노리는 당나라가 끊임없이 전쟁을 일으켰습니다.

어느 날 대막리지 남생이 지방 순시를 떠났습니다. 그러자 남생을 싫어하던 간신들이 남생의 동생인 남건과 남산을 꼬드겼습니다.

"남생이 평양으로 돌아오면 당신들 두 형제를 죽일 것입니다."

두 형제는 믿지 않았지만 또 다른 간신이 남생에게 가서 모략을 꾸몄습니다.

"평양에 있는 두 동생이 막리지께서 평양으로 못 돌아오게 할 것입니다."

의구심이 생긴 남생은 부하를 평양으로 몰래 보내 사정을 알아오게 했습니다. 그런데 그 부하가 두 동생에게 잡혀 버렸습니다. 남생은 남건이 자기 부하를 사로잡은 것에 더 의심을 하곤 평양으로 돌아가지 않았습니다.

남건은 형이 돌아오지 않자 자신의 조카인 남생의 아들을 죽였습니다. 이 소식을 들은 남생은 급히 국내성으로 도망을 갔습니다. 그러고는 남건이 군사를 보내자 자기 목숨을 구하기 위해 당나라에 군사를 보내 달라고 요청을 했습니다.

당나라는 그전 수나라 때부터 70여 년 동안이나 고구려를 정복하기 위해 전쟁을 해 왔었는데 좋은 기회라고 생각하고 남생을 구해 주었습니다. 마침내 남생은 당나라의 길잡이가 되어 고구려를 침략합니다. 그래서 형제간에 피비린내가 나는 전쟁이 시작되어 고구려는 신라와 당나라 연합군에 멸망하고 맙니다. 형제간의 불화가 고구려라는 대제국을 멸망하게 하고 수많은 사람들이 노예가 되는 아픔을 겪게 하였습니다.

▶ **이조년 형제의 우애**

옛날 아주 사이좋은 형제가 산길을 걷고 있었습니다.

"형님 저게 뭘까요?"

"어떤 거?"

"저기 번쩍거리는 돌 말입니다."

형제가 가까이 가 보니 금덩어리 두 개가 놓여 있었습니다.

"형님, 이것은 금덩어리입니다."

"그래 두 개니까 하나씩 나눠 가지면 되겠다."

금덩어리를 하나씩 나눠 가진 가난한 형제는 가던 길을 재촉했습니다.

강을 만난 형제는 나룻배를 얻어 타고 강을 건너게 되었습니다. 사람들은 배 안에서 강물을 바라보면서 이야기를 나누고 있었습니다. 그런데 형제는 아무 말도 없었습니다. 무언가 골똘히 생각에 잠긴 것입니다. 그러다가 갑자기 벌떡 일어난 동생이 금덩어리를 꺼내어 강물에 던져 버렸습니다.

형은 깜짝 놀랐습니다.

"아니 왜 아까운 금덩이를 버리느냐?"

동생은 말했습니다.

"형님, 제가 금덩이를 줍기 전까지는 형님에 대한 마음이 변함이 없었습니다. 그런데 금덩이를 줍고 보니 '형님이 없었으면 형님 금덩이도 내 것이 되었을 텐데.' 하는 못된 생각이 들었습니다. 그러니 차라리 이런 금덩이는 없느니만 못 합니다."

이 말을 들은 형도 품에서 금덩이를 꺼내어 강물에 던져 버렸습니다.

"아우야, 사실은 나도 그런 못된 생각을 했단다. 이 세상에 형제간의 우애보다 더 중요한 것이 무엇이란 말이냐. 아우야 미안하다."

형제는 서로 굳게 부둥켜안았습니다. 그 뒤로 형제간의 우애는 더 깊어졌고 사람들은 모두 형제를 칭송했습니다.

고려 때의 어진 재상이었던 이조년 형제의 어린 시절 이야기입니다.

옛 이야기 속의 우정

▶ 관포지교(管鮑之交)

관중은 춘추 전국 시대의 사람으로 제나라 환공을 보필하여 처음으로 천하를 제패하고 자신의 통치 사상을 실현한 정치사상가입니다. 관중은 공자에게 지대한 영향을 주었고, 제갈공명이 평생 존경하고 닮으려 했던 인물입니다.

관중은 일찍이 포숙아와 함께 생선 장사를 했습니다.

그런데 장사가 끝나면 관중은 포숙아보다 두 배 이상의 수입을 가져갔습니다. 포숙아는 주위 사람들에게 이렇게 말했습니다.

"관중은 집안이 가난하고 식구도 많다. 그래서 내가 일부러 사양한 것이다."

함께 전쟁에 나아가서는 관중이 세 번이나 도망을 하였는데도, 포숙아는 그를 비겁자라 생각하지 않고 그에게는 늙으신 어머님이 계시기 때문이라고 그를 두둔해 주었습니다.

또한 포숙아는 '만일 관중이 때를 잘 만나 일을 하면 백 번에 한 번도 실수가 없을 것이다. 그러니 그대들은 함부로 관중을 비난하지 마라.'고 하며 관중을 감싸주었습니다.

이와 같이 포숙은 관중을 끝까지 믿어 주었고, 관중도 일찍이 포숙을 가리켜 '나를 낳은 것은 부모지만 나를 아는 것은 오직 포숙뿐이다.'고 말하였습니다.

▶ **진정한 친구**

어떤 사람이 아들을 하나 두었는데, 그는 언제나 못된 친구들과 어울려 다니느라 집에 들어앉아 있는 때가 하루도 없었습니다.

아버지는 어느 날, 아들을 불러 놓고 말했습니다.

"너도 이제 철들 나이가 되었으니, 제발 사람 구실 좀 하거라. 밤낮 못된 친구들과 어울려 다니면서 나쁜 짓만 일삼지 말고…… ."

"아버님, 제 친구들이 어때서요? 모두 다 다시없이 좋은 젊은이들인데요."

"아니다. 친구라고 다 친구가 아닌 게야. 참된 친구란 기쁠 때나 슬플 때나 한결같이 함께하는 법이다. 심지어는 친구 때문에 자신이 큰 고통은 겪을지라도 원망하지 않아야 해."

"맞아요, 아버지. 제게는 그런 친구가 참 많아요."

아들은 자신 있게 말했습니다.

"오, 그래? 그렇다면……, 친구를 시험한다는 것은 옳지 않은 일이지만 누가 정말 좋은 친구를 두었는지 알아보기로 하자."

아버지는 그날로 돼지 한 마리를 잡았습니다. 그리고 술도 한 동이 빚었습니다.

한밤중이 되자, 아버지는 삶은 돼지를 거적에 싸서 아들에게 짊어지게 하고 자신은 술동이를 졌습니다.

먼저 아들과 가장 친하다는 친구의 집으로 갔습니다. 문을 두드리자, 잠시 후에 아들의 친구가 나왔습니다.

"아니, 이렇게 늦은 시간에 자네가 웬일인가?"

"간밤에 우리 집에 도둑이 들었는데, 쫓으려다 그만 잘못해서 죽이고 말았지 뭔가. 만일 관가에서 아는 날엔 꼼짝없이 사형을 당할 텐데, 날 좀 숨겨 줄 수 없겠나? 여기 거적에 싼 것이 바로 그 도둑의 시체일세."

그 말을 들은 친구의 얼굴이 새파랗게 질리더니, 이렇게 말했습니다.

"뭐라고? 살인을 한 놈이 뻔뻔스럽게 나를 찾아오다니, 어서 썩 꺼져 버려! 만일 조금이라도 머뭇거리면 관가에 고발할 테니!"

그러고는 얼른 문을 닫고 들어가 버렸습니다.

아들은 두말도 못 하고 발길을 돌렸습니다. 계속해서 대여섯 군데를 더 찾아갔지만, 하나같이 냉정하게 돌아서는 것이었습니다.

"애야, 이제 그만 아비의 친구 집으로 가 보자꾸나."

어느 집 앞에서 발걸음을 멈춘 아버지가 문을 두드렸습니다. 얼마 후 아버지의 친구가 나오자, 아버지는 아까 아들이 했던 말과 똑같은 이야기를 들려주었습니다.

아버지의 친구는 깜짝 놀라며 아버지의 손을 덥석 잡았습니다.

"아니, 그래. 어쩌다가 그런 일이 아무튼 어서 들어가서 함께 의논해 보세."

두 사람은 아버지의 친구를 따라 집으로 들어갔습니다.

"글쎄 이 사람아, 얼마나 놀랐나! 그나저나 어디 다치지는 않았는가?"

그제서야 아버지가 빙그레 웃으면서 말했습니다.

"친구, 밤늦게 찾아와 놀라게 해서 미안하네, 사실은 저기 거적에 싼 것은 시체가 아니라 통돼지를 삶은 걸세."

난데없는 말에, 아버지의 친구는 어리둥절한 얼굴로 물었습니다.

"통돼지?"

"자네를 시험 대상으로 삼이서 미안하기 짝이 없네. 사실은 말이야……."

그제서야 아버지는, 아들에게 진짜 친구란 무엇인지 가르쳐주기 위해 꾸민 일이라는 말을 털어놓았습니다.

"여보게, 어쨌든 내 못난 아들에게 본보기가 되어 준 보답으로 한턱낼게, 이렇게 술도 안주도 준비해 왔으니까 말이야."

"원, 사람도 싱겁기는……."

친구가 아버지의 어깨를 치며 웃었습니다.

"보아라! 네게 진정한 친구가 퍽 많다고 했지만, 정작 너를 위험에서 구해 주려는 친구는 단 한 사람도 없었다. 서로의 덕(德)으로 사귄 것이 아니었기 때문이다. 아비에겐 비록 친구가 한 명밖에 없지만, 자신의 위험을 무릅쓰고 친구를 구하려 들지 않느냐. 앞으로는, 단 한 명일지라도 가슴으로 만나고 마음으로 서로를 볼 수 있는 그런 참된 친구를 사귀도록 하여라."

12. 공경과 배려

德不孤必有隣(덕불고필유린)

덕이 있으면 외롭지 않다. 반드시 이웃이 있다.

사람이 살아간다는 것은 남을 위해 무엇인가를 베풀어 가는 과정이라고 할 수 있습니다. 부모는 자식에게 사랑을 베풀고, 스승은 제자에게 가르침을 베풀고, 친구는 친구에게 우정을 베풉니다.

「홍부전」에서 홍부는 제비에게 은혜를 베풀었던 까닭에 제비로부터 박씨를 받아 큰 부자가 될 수 있었습니다. 이처럼 은혜를 베풀면 언젠가는 보답이 따릅니다. 훌륭한 인물이란 이웃과 국가에 많은 이로움을 베푸는 사람을 가리킵니다. 따라서 우리는 평소에 베풂을 실천하는 사람이 될 수 있도록 노력해야 합니다.

옛 이야기 속의 공경과 배려

▶ 황희 정승과 두 마리의 소

고려 말기, 황희 정승이 관직에서 물러나 잠시 쉬고 있을 때의 일입니다.

도성을 빠져나와 논길을 걷는데 어떤 농부가 검은 소와 누런 소 두 마리를 이끌며 밭을 갈고 있었습니다.

황희는 그런 농부를 물끄러미 바라보다가 농부가 잠시 쉬기 위해 소를 저쪽에 두고 나무 밑으로 오자 이렇게 물었습니다.

"두 마리 소 중에 어떤 소가 일을 더 잘합니까?"

그러자 농부는 황희를 이끌고 한동안 걸어가더니 한참 만에야 황희의 귀에 대고 조그맣게 속삭였습니다.

"검은 소는 꾀를 부리지만 누런 소는 일을 잘하지요."

그런 농부를 보고 황희는 크게 웃으며 말했습니다.

"아니, 하찮은 소에 대해서 물어 보는데 굳이 여기까지 와서 귀에 대고 속삭일 필요가 무엇이 있습니까?"

그랬더니 농부는 약간은 노기를 띠며 황희에게 말했습니다.

"글을 배운 선비라는 이가 어쩌면 그처럼 말을 하시오! 아무리 하찮은 동물이라도 자신에게 나쁜 말을 하면 싫어하는 법이오. 비록 가축일지라도 그 마음은 사람과 같습니다. 이것이 나으면 저것이 못할 것이니, 소로 하여금 그것을 듣게 하면 어찌 불평하는 마음이 없겠습니까? 그래서 이렇게 소에게서 멀리 떨어진 곳까지 와서야 속삭인 것입니다!"

이 말을 듣고 크게 깨달은 황희는 다시는 남의 장단점을 함부로 말하지 않게 되었습니다.

▶ **두더지가 된 며느리**

어느 산골에 눈먼 어머니를 모시고 사는 아들이 있었습니다. 그 아들은 효성이 지극하여, 가난한 살림에도 불구하고 어머니의 밥상에 고기반찬을 거르는 일이 없었습니다.

그러나 눈먼 어머니는 그럴수록 오히려 한탄을 했습니다.

"에이그, 내가 빨리 죽어야 네 고생이 덜어질 텐데……."

"아이고, 어머님! 무슨 말씀을 그리하셔요? 지희들이 잘 모실 수 있을 만큼 넉넉해질 때까지, 더 오래오래 사셔야지요. 앞으로는 행여 그런 섭섭한 말씀일랑 하지 마셔요."

그러던 어느 날 아들에게 일이 생겨 얼마간 집을 떠나 있게 되었습니다.

"내가 없더라도 어머님을 잘 보살펴 드리시오. 그리고 끼니때마다 고기반찬 해 드리는 것 잊지 말고."

그런데 아들은 아내의 마음씨가 별로 곱지 않다는 것을 알고 있었기 때문에, 아내에게 부탁을 해 놓고도 속으로는 걱정을 하며 길을 떠났습니다.

아내는 남편이 떠난 다음, 끼니때마다 시어머니에게 고기반찬을 해 드리는 것이 아깝다는 생각이 들었습니다. 그래서 고기는 자기가 먹고, 시어머니에게는 지렁이를 잡아다드렸습니다. 시어머니는 앞을 보지 못했기 때문에 지렁이를 고기로 알고 날마다 맛있게 먹었습니다.

시어미니는 한 끼도 거르지 않고 고기반찬을 해 주는 며느리가 고마워서 이렇게 말했습니다.

"며늘아가, 네가 무슨 돈이 있다고 날마다 고기반찬이냐? 그러지 않아도 나는 괜찮다."

며느리는 태연하게 거짓말을 했습니다.

"아니에요, 어머님, 뒷집에 가서 허드렛일을 해 주고 받은 돈으로 사 오는 거니까 염려마셔요."

어머니는 집을 떠나 있는 아들이 생각나서, '우리 아들은 지금쯤 객지에서 얼마나 고생이 심할까? 어미 혼자서만 맛난 것을 먹을 수는 없지.' 하며 아들이 돌아오면 주려고 조금씩 아껴 모아 두었습니다.

이윽고 멀리 갔던 아들이 돌아왔습니다.

"여보, 그동안 고생이 많았소, 그래, 어머니께 고기반찬은 꼬박꼬박 해 드렸소?"

아들의 묻는 말에 어머니가 나서서 자랑스레 말했습니다.

"애야, 그동안 며늘아기가 내게 얼마나 잘 해 주었는지 모른단다. 그러나 멀리 있는 네 생각이 나서 그 맛있는 것을 다 먹을 수가 없더구나. 그래서 네가 돌아오면 맛이나 보이려고 여기 말려 두었느니라."

그러면서, 모아 놓은 지렁이를 꺼냈습니다. 어머니가 꺼내 주는 지렁이를 본 아들은, 너무나 놀란 나머지 아무 말도 하지 못했습니다.

그때였습니다.

별안간 하늘이 시꺼멓게 변하더니 천둥 번개와 함께 장대비가 쏟아지기 시작했습니다.

뒤이어서 '우르릉 쾅!' 하는 소리와 함께 며느리에게 벼락이 떨어졌습니다.

보다 못한 하늘이 며느리에게 벌을 내렸던 것입니다.

이리하여 죽은 며느리의 혼은 두더지가 되어 지금도 땅 속에서 지렁이만 먹으며 살게 되었답니다.

▶ 다 내 잘못이다

몹시 가난했지만, 아주 화목하며 부지런하게 사는 가족이 있었습니다. 그런 까닭에 그 집 앞을 오가는 사람들은 언제나 밝은 웃음소리를 듣곤 했습니다.

"이 집은 어쩌면 저리도 화목하게 살까? 참 부러운 일이야!"

마을 사람들은 이렇게 칭찬을 아끼지 않았습니다.

어느 겨울, 함박눈이 펑펑펑 내리는 날, 아버지가 이렇게 말했습니다.

"오늘처럼 눈이 오는 날은 찰떡이나 먹었으면 좋겠다."

이 말을 들은 며느리는 옆집에 가서 찹쌀을 약간 얻어다가 떡을 하기로 하였습니다.

시어머니는 며느리의 솜씨를 보려고 방 안에서 나오지 않고, 말했습니다.

"아가, 솥에 물을 조금 붓고 그 위에 시루를 건 다음 찹쌀가루를 넣고 불을 때거라. 불은 살살 때야 하느니라."

며느리는 시키는 대로 했습니다.

"찰떡을 찌기엔 좀 부족하겠는데? 얼른 산에 가서 나무를 지고 와야지."

마침 부엌에 들어온 남편은 이렇게 말하면서 지게를 지고 나갔습니다.

며느리는 떡을 만드는 데 자신이 없었습니다.

"그나저나 불을 얼마나 때야 하지? 에라, 모르겠다. 불을 많이 때면 푹 익겠지."

한참 불을 때고 있으니까 김이 무럭무럭 났습니다.

"김이 나는 것을 보니까 이제 조금만 더 때면 되겠구나."

그러면서 부엌에 있는 나무를 바닥까지 다 긁어서 불을 땠습니다.

이제 더 땔 나무가 없을 무렵 '탁!' 소리가 나더니 곧이어 '쨍!' 하는 소리가 났습니다.

불을 너무 많이 땠기 때문에 솥이 깨지고 시루가 터져 버린 것입니다. 솥에 부었던 물이 다 닳아서 벌겋게 달구어졌다가 마침내 깨져 버린 것입니다. 떡은 그만두고라도 살림살이가 깨져 버렸으니, 참말 큰일이었습니다.

"아니, 친정에서 어떻게 가르침을 받았으면 그까짓 떡 한 조각 변변히 쪄 내지 못하고 솥과 시루까지 깬단 말이냐?"

당장이라도 시어머니가 그렇게 호통을 치며 달려 나올 것만 같았습니다. '며느리는 어쩔줄 몰라 발을 동동거리다가 그만 울음을 터뜨렸습니다.

안방에서 떡이 다 되기를 기다리던 시어머니가 부엌에서 훌쩍훌쩍 우는 며느리의 울음소리를 듣고 나왔습니다.

며느리는 바짝 겁이 나서 더 큰 소리로 울었습니다.

부엌에 나와, 깨진 솥과 시루를 본 시어머니는 무엇 때문에 며느리가 울고 있는지 짐작이 되었습니다.

시어머니는 겁에 질려 울고 있는 며느리의 등을 토닥이며 이렇게 말했습니다.

"아가, 울지 마라. 내가 진작 나와서 봐 주었더라면 이런 일이 없었을 텐데……, 아가야! 솥이나 시루는 장에 가서 다시 사 오면 되지 않겠느냐, 그까짓 일로 울 것 없다."

그때, 나무를 하러 갔던 남편이 돌아와서 말했습니다.

"내가 진작 나무를 해 와서 불을 때 주었더라면 이런 일이 없었을 텐데……."

또 나들이에서 돌아아 온 시아버지는 그 광경을 보고 이렇게 말했습니다.

"거참, 내가 공연스레 찰떡을 먹고 싶다고 해서 이런 일이 벌어졌구나. 다 내 잘못이다. 아가, 이젠 울지 말 거라."

며느리는 서로 자신의 탓이라고 하는 식구들의 모습을 보고 어찌할 바를 몰랐습니다.

"아버님, 어머님! 저의 잘못을 나무라지 않으시고 이처럼 감싸 주시니 몸 둘 바를 모르겠습니다. 앞으로는 이런 실수가 없도록 더욱 조심하겠습니다."

"아니다. 다 어른들이 어른 노릇을 못 한 때문이다. 부엌은 내가 치울 테니 어서 방에 가서 몸이나 녹이도록 하여라."

이렇게 말하면서 시어머니는 깨어진 솥과 시루를 주섬주섬 챙겼습니다.

남의 잘못을 책망하기 전에 자신의 허물을 들여다보기는 결코 쉬운 일이 아닙니다.
비록 가난한 살림이지만, 이 집 울타리 너머로 웃음소리가 끊이지 않은 이유를 알겠지요?

13. 나라사랑 "충"

세상에 나라 없는 국민은 없습니다. 한 나라는 국민을 근본으로 삼고, 국민은 나라의 힘으로 행복하게 살 수 있습니다. 그러므로 사람은 누구나 보다 잘 살기 위해서 그 나라를 사랑하고, 부강한 나라를 이룩하기 위하여 생명을 내걸고 충성을 다합니다.

「조상의 가훈」에서

우리에게는 모두 가정이 있고 가족이 있습니다. 여러 가정이 모여 작은 마을이 되고 작은 마을이 모여 큰 마을이 되고 큰 마을들이 모여 하나의 나라를 이룹니다. 가정에는 부모님과 형제자매가 있어 서로 사랑하는 것을 효도와 우애라고 한다면 나라 사랑하는 것을 충이라고 합니다. 충은 나라에 대한 사랑, 임금에 대한 사랑 등을 들 수가 있는데 가정에 충성하는 것은 효라고도 할 수 있습니다.
우리 조상들은 임금님과 나라에 대한 충성을 아주 중요하게 생각했고 그것이 나라를 유지하는 기본 마음이었습니다. 오늘날에도 나라에 대한 충성스런 마음은 꼭 필요합니다. 그러한 마음이 없다면 나라를 사랑하는 마음이 없는 것입니다. 그러한 사람이 많으면 다른 나라에서 우리나라를 침략해도 지키고 싶은 마음이 안 생길 것입니다.
나라가 없어지면 우리의 가정을 지켜 주는 울타리가 없어지는 것입니다. 많은 어려움과 고통이 따를 수밖에 없습니다. 나와 가족, 이웃이 행복할 수 있도록 나라에 충성하는 마음을 늘 간직하도록 해야겠습니다.

옛 어른들의 나라사랑

▶ 구진천의 천리노

신라 문무왕 때 활 쏘는 것으로 유명한 구진천이라는 사람이 있었습니다. 그는 평생 활을 만들고 쏘는 것만 연구하였습니다. 이런 집념으로 그는 천 걸음 밖의 과녁을 쏘아 맞힐 수 있는 천리노라는 놀라운 활과 화살을 만들어 냈습니다. 그 덕분에 신라 군사들은 모두 싸움에 나가기만 하면 승리할 수 있었습니다. 적의 모습이 보이기만 해도 천리노로 쏘아 맞히니, 당할 적이 없었습니다.

이 소문을 들은 당나라의 고종은 구진천에게 활 만드는 비법을 배우고 싶었습니다.

“여봐라! 신라의 구진천이 만든 활이 그토록 멀리 나간다더니 그를 초대해 오너라.”

결국 구진천은 당나라로 건너갔습니다. 그를 만난 당의 고종은 기뻐하며 구진천에게 어서 활과 화살을 만들어 달라고 했습니다.

‘내가 만일 천 걸음이나 나가는 활과 화살을 만든다면 당나라 군사들이 우리 신라 군사들과 똑같이 강해진다. 그러니 나는 도저히 그렇게 할 수는 없다.’

다음 날부터 구진천은 열심히 활을 만들었습니다. 좋은 대접을 받으면서 온갖 좋은 재료로 드디어 활과 화살을 만들었습니다.

“으하하하! 이것이 바로 그 유명한 천리노란 말인가?”

당나라 고종은 기뻐하며 활을 쏘아 보게 했습니다. 그러나 기대에 부풀었던 활은 고작 30걸음밖에 안 나가는 것이었습니다.

“아니 이게 어찌된 일이오?”

고종은 놀라 붙었습니다.

“폐하! 아마도 당나라의 재료라 그런 모양이옵니다.”

“그렇다면 당장 신라의 재료를 가져다 만드시오.”

구진친은 얼마 후 또다시 신라에서 가져온 재료로 활과 화살을 만들었습니다.

당나라 고종은 기뻐하며 활을 쏘아보게 했습니다. 그렇지만 이번에도 겨우 60걸음 밖에 나가지 않았습니다.

"아니 신라의 재료로 만든 활이 왜 이 모양이오?"

"폐하! 아마도 나무가 바다를 건너오면서 습기를 먹어서 그런 듯합니다. 당나라에서는 도저히 친리노를 만들 수 없습니다."

그러자 화가 머리끝까지 난 당나라 고종은 소리쳤습니다.

"여봐라! 저놈을 당장 처형하라!"

그러자 구진천은 말했습니다.

"폐하! 천리노는 신라의 활이지 당나라의 활이 아닙니다. 저를 죽이든 살리든 마음대로 하십시오."

꿋꿋한 구진천의 태도에 감격한 당나라 고종은 말했습니다.

"참으로 나라에 대한 의리를 지키는 충신이로다. 죽이지 말고 정중히 신라로 돌려보내라."

구진천은 자신의 고국인 신라에 대한 의리를 지킨 것입니다.

▶ 도산 안창호의 나라사랑

우리 민족의 독립을 위해 노력하셨던 도산 안창호 선생이 미국에 가서 연설할 때의 일이었습니다.

"여러분, 우리가 비록 나라를 잃어버리고 이렇게 나라 없는 백성으로서 설움을 받고 있지만 힘써 나라를 사랑합시다."

이때 한 학생이 자리에서 일어나 물었습니다.

"선생님, 사랑이란 마음속에서 우러나오는 것이지 노력으로 되는 것은 아니지 않습니까? 저는 보잘것없는 우리나라를 도저히 사랑할 수 없습니다."

그러자 도산 안창호 선생은 이렇게 말했습니다.

"여러분, 사람의 감정은 노력하면 할수록 풍성해지고 커지고 높아지는 법입니다. 나라를 사랑하려고 노력해 보십시오. 분명히 사랑하게 됩니다."

▶ 하얼빈 역에 울려 퍼진 대한 만세!

안중근 의사는 1879년 왕해도 해주에서 태어나 한학과 무술, 신식 학문을 두루 배웠습니다. 1905년 을사늑약이 체결되자, 1906년 삼흥학교를 세워 교육으로 백성을 깨우치는 일에 힘썼습니다. 그러나 일본이 강제적인 협정을 통해 우리나라를 식민지로 만들려 하자, 1907년 연해주로 망명하여 의병 운동에 참가하였습니다.

1909년 정재관, 김성무 등 동지 11명과 나라를 되찾을 때까지 목숨을 걸고 싸울 것을 맹세하며 손가락을 끊어 혈서를 쓰기도 했습니다. 그 해 10월 일본이 우리나라를 침략하는 데 앞장섰던 일본 총리대신 이토 히로부미가 러시아 재무대신을 만나기 위해 만주 하얼빈에 온다는 소식을 들었습니다. 안중근은 일본 침략의 만행과 대한제국독립에 대한 의지를 세상에 널리 알기 위해 이토 히로부미를 저격하기로 결심하고 우덕순, 조도선, 유동하와 함께 뜻을 모았습니다.

안중근은 1909년 10월 26일 만주 하얼빈 역에 잠입하였습니다. 마침내 이토 히로부미가 기차에서 내려 의장대의 사열을 받으며 걸어 나올 때, 날카로운 총소리가 하얼빈 역에 울려 퍼졌습니다. 바로 안중근이 삼엄한 경비망을 뚫고, 강제로 을사늑약을 맺어 대한제국의 주권을 빼앗은 이토 히로부미를 향해 방아쇠를 당긴 것입니다.

그날, 하얼빈 역에는 이토 히로부미를 환영하기 위한 군악대의 연주 대신, 안중근 의사가 외치는 "코레아 우라(대한 제국 만세)!"가 세계를 향해 울려 퍼졌습니다.

안중근은 재판 과정에서도 당당함을 잃지 않았습니다. 결국 1910년 2월 14일, 마지막 공판에서 사형이 선고되었습니다. 안중근은 '옳은 일을 했으니 구차하게 목숨을 구걸하지 않겠다.'며 항소도 하지 않은 채, 1910년 3월 26일 순국하였습니다.

안중근은 형이 집행되기 바로 전날 찾아온 두 동생에게 다음과 같은 글을 남겼습니다.

'내 뼈를 하얼빈 공원에 묻어 두었다가 우리나라가 주권을 되찾거든 고국으로 옮겨다오. 나는 하늘나라에 가서도 또한 대한제국의 독립을 위해 힘쓸 것이다.'

▶백범 김구 선생님의「나의 소원」

독립을 위해 평생을 헌신하신 백범 김구 선생님은『백범일지』에서

'네 소원이 무엇이냐?' 하고 하나님이 물으시면 나는 서슴지 않고,

"내 소원은 대한 독립이요."

하고 내답할 것이다. 그 다음 소원은 무엇이냐?' 하면 나는 또,

"우리나라의 독립이요."

할 것이요, 또 '그 다음 소원이 무엇이냐?' 하는 셋째 번 물음에도 나는 더욱 소리 높여서,

"나의 소원은 우리나라 대한의 완전한 자주 독립이요."

하고 대답할 것이다.

동포 여러분! 나 김구의 소원은 이것 하나밖에는 없다. 내 과거의 70 평생을 이 소원을 위하여 살아왔고, 현재에도 이 소원 때문에 살아 있고, 미래에도 나는 이 소원을 달성하려고 살 것이다. 독립이 없는 백성으로 70 평생에 설움과 부끄러움과 애탐을 받은 나에게는 세상에 가장 좋은 것이 완전하게 자주 독립한 나라의 백성으로 살아 보다가 죽는 일이다. 나는 일찍 우리 독립 정부의 문지기가 되기를 원하였거니와 그것은 우리나라가 독립국만 되면 나는 그 나라의 가장 미천한 자가 되어도 좋다는 뜻이다. 왜 그런고 하면 독립한 제 나라의 빈천이 남의 밑에 사는 부귀보다 기쁘고 영광스럽고 희망이 많기 때문이다.

14. 나의 기행문

많은 곳을 여행하고, 많은 사람을 만나 이야기하는 것으로도 훌륭한 인격을 갖출 수 있습니다.

요즘 아이들은 좋은 대학, 좋은 직장을 얻기 위해 하루 종일 공부를 하지만 정작 즐거움과 행복을 잘 모르고 시험을 잘 보기 위한 기술만 키워나가는 어린이가 대부분입니다.

삼사십 년 전만 해도 대부분의 아이들이 또래 아이들과 전래놀이로 하루종일 뛰어노는 게 보통이었습니다. 놀이 속에서 공동체와 사회성 등을 배우고 익혔습니다.

하지만 요즘 어린이들은 여러 가지 여건 때문에 그러지 못하고 학원에서 학원으로 아니면 혼자서 게임으로 시간을 보내는 아이들이 많습니다.

나의 기행문은 우리 집 주위에서부터 좀 더 먼 곳까지 유적지 등을 방문하고 관찰하여 작성해보면서 새로운 것을 체험하고 익히기 위한 것입니다.

스스로 기행문을 작성하며 새로운 즐거움을 찾아보세요.

나의 기행문

- 이름:
- 제목:
- 언제: 년 월 일
- 어디로:
- 누구랑:
- 어떤 이유로:
- 찾아가는 길:
- 이 글의 주인공은 누구:
- 보고 들은 이야기:

•내 생각에는 이랬으면 좋겠다:

•다음에 가고 싶은 곳은:

참고문헌

고려대학교 민족문화연구소(1982).한국민속대관4. 서울: 고려대학교.

교육부(1993). 유아전통놀이 교육활동 지도자료, 서울: 교육부.

교육부(1993), 유아전통놀이 교육활동 지도자료, 서울: 교육부

국립민속박물관. 한국민속예술사전

김용환(1990). 한국의 풍속화(上). 서울: (주)민문고

김용환(1990). 한국의 풍속화(下). 서울: (주)민문고

김정섭 외(2010). 동화를 통한 창의성교육. 고양: 서현사

김종대(1996). 열두달 풍속놀이.서울: 도서출판 산하

김진희·강미영(2017).우리 함께 놀쑤. 고양: 공동체

네이버 지식백과. 실뜨기.(문화원형백과 전통놀이, 2002.)

네이버 지식백과. 줄다리기.(한국민족문화대백과, 한국학중앙연구원)

두산세계대백과사전(1997). 서울: 동아출판사.

빈대욱 외(2018). 노인여가지도사. 고양: 서현사.

신은정·배주현(2018). 전통문화와 유아교육. 고양: 공동체

심우성(1975). 한국의 민속놀이, 서울: 삼일각.

이이 저, 이영호 엮음(1981). 격몽요결. 서울: (주) 민문고

이재수 감수(2008). 태권어린이 智. 고양:서현사

이재수 감수(2012). 태권어린이 德. 고양: 서현사

이창식(1999). 한국의 유희민속, 서울: 집문당.

이철수, 최재용(2004). 우리가 정말 알아야 할 우리놀이 백가지. 서울: 현암사

임귀희 외(2019). 현장활동가를 위한 이야기 미로찾기. 고양: 서현사.

임홍빈 엮음(1981). 우리겨레의 황금시대. 서울: (주) 민문고

임효림(2016). 힐링 현장교육전문가. 서울: 한맥

장일상 외(2019). 치매예방을 위한 인지활동프로그램. 고양: 서현사

장일상·임효림·최혜숙·박세인(2019). 전래놀이 색칠하기 1. 고양: 서현사

장일상·임효림·최혜숙·박세인(2019). 전래놀이 색칠하기 2. 고양: 서현사

전경수(1992). 똥이 자원이다. 서울: 통나무.

정소문 외(1982). 선인의 명언일화 1-4. 서울: (주) 민문고

햇살과 나무꾼(2001), 옛날 사람들은 어떻게 공부하였을까?. 서울 : 채우리

최상수(1988). 세시풍속, 서울: 서문당.

하정연 외(2015). 아이들과 함께 하는 세시풍속. 고양: 공동체

한양명, 김영진 외 7명(1997). 한국육담의 세계관. 서울: 국학자료원.

한국학중앙연구원. 한국민족문화대백과

한국민속사전편찬위원회(1991). 한국민속학 대사전2. 서울: 민족문화사.

저자소개

장일상
사회단체 행복나눔연구소 대표
남서울실용전문학교 노인스포츠학과 외래교수
아동노인체육학석사 졸업, 교육학박사과정중

임효림
한국힐링경영연구원 대표
한국전래창의 인성놀이협회 회장
남서울실용전문학교 노인스포츠학과 학과장

조두이
한국힐링경영연구원 부대표
남서울실용전문학교 노인스포츠학과 책임교수
한국전래창의인성놀이협회 부회장

김경애
(사) 치매없는 세상만들기 운동본부 이사장
Midwest University 두뇌영재교육학박사과정중
한국전래창의인성놀이협회 제주도지회

허은숙
주식회사오감힐링 대표
고성군 치매안심센터 강사
한국전래창의인성놀이협회 고성지회

김서연
스마일힐링교육센터장
부산로뎀나무사회서비스센터 강사
한국전래창의인성놀이협회 부산지회

김나경

한국치매예방놀이연구소 소장
한국전래창의인성놀이협회 포천지회
전래창의인성놀이지도사

최혜숙

한국힐링경영연구원 본부장
한국전래창의인성놀이협회 분당지회
전래창의인성놀이지도사

신경옥

한국힐링경영연구원 본부장
한국전래창의인성놀이협회 용인지회
전래창의인성놀이지도사

기미진

한국힐링경영연구원 본부장
한국전래창의인성놀이협회 수원지회
전래창의인성놀이지도사

이정아

한국힐링경영연구원 본부장
한국 전래창의인성놀이협회 강북지회
전래창의인성놀이지도사

장은정

나사렛대학교 재활학박사 졸업
한국 상담학회 이사(세종, 대전, 청주)
한국Art&Play치료학회 수련감독

박세인

사회복지사
심리상담사, 미술치료사
(사) 숲힐링문화협회이사

전래 창의 인성놀이 이론과 실제

2019년 12월 5일 1판 1쇄 인쇄
2019년 12월 10일 1판 1쇄 발행

저 자 장일상 임효림 조두이 김경애 허은숙 김서연 김나경
최혜숙 신경옥 기미진 이정아 장은정 박세인

펴낸이 조재성
펴낸곳 **서현사**

등 록 2002년 8월 14일 제03-01392호
주 소 경기도 고양시 일산동구 중앙로 1055번지 레이크하임 206호
전 화 031-919-6643
팩 스 031-912-6643

ISBN 979-11-88986-32-3 93380

정가 20,000원

치매예방을 위한 인지활동 프로그램

장일상, 임효림, 김경애, 조두이, 허은숙, 김서연, 최용희, 김나경, 김호진, 최혜숙, 이은명, 이수정, 신경옥, 이정아, 김순녀, 이혜숙, 김시은 공저

46배판 342쪽
정가 20,000원

– 노인인구의 급증과 치매환자의 급증

60^{+} 신중년, 언제나 청춘 치매예방 활동가에 도전하십시오.

치매는

누구에게나 감기나 복통처럼 옵니다. 치매를 미리 예방하는 생활습관이 치매도 예방하고 건강한 나를 만듭니다. 치매예방 활동가에 도전하면 치매도 예방하고 즐거운 노후를 보낼 수 있습니다.

치매예방활동 시리즈 ❶
현장활동가를 위한

화투색칠하기

장일상 임효림 이수정 조두이 공저

치매 예방을 위해서는 손과 머리를 많이 사용하세요. 손과 손가락을 많이 사용하는 것이 치매예방에 좋다고 합니다.
누구나 잘 알고 있는 화투에 색을 칠하면서 손과 손가락을 많이 사용할 수 있습니다. 민감한 감각을 사용하며 개발하세요. 색의 배열 등을 생각하며 반복해서 뇌를 사용하는 것을 목적으로 개발되었습니다.

A4 판 124쪽
정가 12,000원

치매예방활동 시리즈 ❷
현장활동가를 위한
이야기 미로찾기

임귀희, 임효림, 장일상, 조두이, 김은미, 박세인 공저

A4판 144쪽
정가 20,000원

프로그램 사용방법

이 책에는 모두 90개의 프로그램이 수록되어 있습니다. 노인 의료복지시설 등 현장에서는 45주 동안 사용할 수 있는 프로그램입니다.

이 책의 구성체계는 학교에서 교사가 학생을 지도하는 방식을 택한 것이기 때문에 어르신 혼자서도 사용할 수 있지만 활동가가 얼마나 재미있게 내용을 추가하느냐에 따라 다양한 반응이 만들어질 것입니다.

이야기 미로찾기는 현장활동가님이 현장에서 인지훈련프로그램으로 사용하는데 중점을 두고 개발된 것입니다.

치매예방활동 시리즈 ❸
현장활동가를 위한
만다라색칠하기

나윤채 장일상 이은명 이혜숙 박세인 지음

287×297 144쪽
정가 20,000원

만다라는 미술치료에서 중요한 위치를 차지합니다. 명상과 함께 만다라를 제작하는 몰입 과정을 통하여 자신과 하나 되는 일체감을 경험할 수 있습니다.

《현장활동가를 위한 만다라색칠하기》는 어르신들을 대상으로 치매예방을 위한 기억회상에 중점을 둔 만다라입니다. 치매를 예방하고 경증 치매 어르신이 중증으로 가는 것을 지연시키는 효과를 목표로 합니다.

주어진 만다라에 색을 칠하는 작업을 기본 바탕으로 하고, 색을 칠한 만다라의 중요 특징 등을 기억해서 다시 그리게 하는 것과 주어진 그림의 반을 대칭이 되게 그리게 하는 것 등등을 통하여 기억력, 판단력, 집중력 등을 향상시킵니다.

인지활동 프로그램 ❶

전래놀이 색칠하기 1

285×287 72쪽

정가 16,000원

장일상 임효림 최혜숙 글

박세인 그림

어린 시절하였던 전래놀이를 기억하고 본인이 구상하는 색을 칠하며 뇌기능을 활성화시켜 치매를 예방합니다.
젊은이들에게 과거 선조의 놀이문화를 익힐 수 있고 세밀한 그림에 색을 칠하며 하나하나 완성한 뒤의 성취감을 느낄 수 있습니다.

노인여가지도사

46배판 242쪽

정가 16,000원

빈대욱 장일상, 임효림, 조두이

이수정, 임귀희, 이혜숙 공저

노인복지를 위해 노인은 "건전하고 안정된 생활을 보장받으며, 능력에 따라 적당한 일에 종사하고 사회적 활동에 참여할 기회를 보장받으며……"라고 밝히고 있다.
국가 시책 중 하나인 노인여가를 좀 더 풍성하고 알차게, 그리고 보다 전문적으로 수행할 지도사를 양성하기 위해 노인여가분야 전문가들이 참여하여 집필하였다.

인지력향상을 위한 프로그램

기억회상을 위한 **속담카드 1**

한광일 장일상 임효림 박세인 공저

속담카드를 통해 기억력과 주의력 사고력 등을 향상시키는 프로그램이다.

신국판 128쪽

정가 25,000원

노인의료복지시설운영매뉴얼

표준화된 요양원 운영

요양원 운영은 노약자의 직접 서비스 및 보호자의 기대 서비스의 어려움과 한계에 더하여 정책적 사회적 합목적성까지 고도의 윤리적 기준을 치열하게 요구되는 분야입니다. 《노인의료복지시설 운영매뉴얼》은 현장의 기관장과 종사자들에게 표준화된 절차와 이를 통해 달성하고자 하는 성과기준을 제시하고 있다.

나윤채 감수

전광명 저자

A4판 정가 40,000원

이 책의 특징은

쉽고 현실적이며 적용과 활용이 가능하다는 것이다. 실제로 다년간 학교에서 배우고 익힌 학문과 실습은 현장에서 적용하기에는 법과 규정이 너무 많이 변해버렸고, 이미 출간된 많은 요양원 운영 관련 서적들은 단편적이거나 지금의 현장과 상황에 적합하지 않는 등 요양원 실무에서 응용하거나 적용하기에는 많은 무리가 있다.

현장업무 구축의 도구

《노인의료복지시설 운영매뉴얼》의 많은 활용으로 각종 어려운 문제에서 가장 쉽고 효율적인 요양원 운영에 기여할 수 있으며, 또한 현장에 대한 정확하고 시스템적인 지식으로 많은 편견과 왜곡된 지식을 배격할 수 있는 도구가 될 것이다.

제2차 장기요양 기본계획

노인장기요양은 정부의 제2차 장기요양 기본계획의 발표와 함께 새로운 국면을 맞고 있다. 지난 10년이 노인요양의 자리 잡기 시기였다면 점진적으로 서비스의 질 향상과 수급자의 인권에 중점을 둔 근원적 사회복지로 발전할 전망이므로 이를 대비하여 시설의 운영자와 관리자는 기본틀의 이해를 통한 노인장기요양의 성공적 정착과 성장으로 나가야할 시기가 되었다고 본다.

《노인의료복지시설 운영매뉴얼》 이 같은 시대적 흐름에 따라 노인요양의 이론적인 내용이나 논리가 아닌 철저히 실무중심의 내용으로 편집되었으며, 모든 근거는 법과 규정에 있다는 점을 다시 한 번 상기시키고자 한다.
본문속의 서식은 현장 사회복지사들의 노력 결과물로 기관운영을 위해 각 기관 실정에 맞게 조정하여 사용하기를 당부드린다.